GOLDMANN
Lesen erleben

Buch

SchlagFertigkeit ist trainierbar und erlernbar. Deutschlands SchlagFertigkeitstrainer Nr. 1 Dr. Karsten Bredemeier hat ein Praxisbuch geschaffen, das die wesentlichen, wirksamen und professionellen Schlagfertigkeitstechniken zusammenfasst. Mit über 50 verschiedenen Techniken, über 800 Beispielen und über 200 Übungen erhalten Sie eine schnelle und umfassende Übersicht über die wichtigsten Komponenten gewitzter und zielführender SchlagFertigkeit. Anhand von Musterbeispielen sind die einzelnen Techniken jeweils genau erklärt und dann durch zahlreiche Übungen verdeutlicht. Damit haben Sie eine praktische Lernanweisung zur Hand, die Sie später wie einen Joker in der Praxis um- und einsetzen können. Nie wieder sprachlos!

Bonusmaterial: *Scharfzüngigkeit * Geistesgegenwärtigkeit * Bonmots * Wortspiele * Schwarzer Humor * Mittel gegen Blackouts * Schwarze Rhetorik*

Autor

Dr. theol. Karsten Bredemeier arbeitet als Topmanagement-Trainer und Coach für Kunden wie z. B. Allianz, Deutsche Bank und viele mehr. Als einer der führenden Kommunikations- und Fernsehtrainer hat er insgesamt 15 Bücher mit mehr als 140 Auflagen veröffentlicht, die in zahlreiche Sprachen übersetzt wurden.

info@dr-bredemeier.de / www.dr-bredemeier.de

Von Karsten Bredemeier außerdem im Programm
Rhetorik auf den Punkt gebracht (17469)

Dr. Karsten Bredemeier

SchlagFertigkeit

Spontan, souverän und wortgewandt kontern

Über 50 Techniken –
800 Beispiele –
200 Übungen

GOLDMANN

Alle Ratschläge in diesem Buch wurden vom Autor und vom Verlag sorgfältig erwogen und geprüft. Eine Garantie kann dennoch nicht übernommen werden. Eine Haftung des Autors beziehungsweise des Verlags und seiner Beauftragten für Personen-, Sach- und Vermögensschäden ist daher ausgeschlossen.

Dieses Buch ist auch als E-Book erhältlich.

MIX
Papier aus verantwortungsvollen Quellen
FSC® C014496

Verlagsgruppe Random House FSC® N001967
Das für dieses Buch verwendete FSC®-zertifizierte Papier *Classic 95* liefert Stora Enso, Finnland.

2. Auflage
Vollständige, erweiterte Taschenbuchausgabe November 2014
Wilhelm Goldmann Verlag, München,
in der Verlagsgruppe Random House GmbH

Dieses Buch erschien bereits in anderer Ausstattung
im Orell Füssli Verlag AG, Zürich
Umschlaggestaltung: Uno Werbeagentur
Umschlagmotiv: FinePic®, München
Satz: Buch-Werkstatt GmbH, Bad Aibling
Druck und Bindung: GGP Media GmbH, Bad Aibling
CB · Herstellung: IH
Printed in Germany
ISBN 978-3-442-17459-1
www.goldmann-verlag.de

Inhalt

Dieses Buch widme ich in Liebe meiner Frau

Kerstin,

die Schlagfertigkeit bereits mit der Muttermilch aufgesogen zu haben scheint und die im Gespräch deshalb fordernd und fördernd bei aller gemeinsamer Emotionalität und kalkulierter Rationalität eine wirkliche Partnerin ist.

Für uns beide gilt:

Schlagfertigkeit ist das, was sich in jeder Beziehungsdiskussion bewährt – vorausgesetzt, wir verzichten beide bewusst darauf!

Vorwort

Sprachlosigkeit entsteht immer dann, wenn wir weder geeignete Techniken, Methoden noch Instrumente besitzen, auf verbale (Tief-) Schläge professionell zu reagieren, wenn wir andererseits die Situation falsch oder unzureichend einschätzen und letztlich Standards antrainiert oder uns angelesen haben, die deshalb gleichsam wie Patentrezepte klingen, es schließlich aber doch nicht sind – und sich für die aktuelle Situation als unzureichend erweisen. Kurzum: *Schlagfertigkeit ist, wenn Sie in einer Drucksituation mehr machen als nur den Mund auf, um Luft zu holen, und ihn dann wieder schließen.*

Wirkliche Schlagfertigkeiten sind jene professionellen Aktionen, souveränen Repliken und konsequenten Reaktionen, die so souverän und konsequent auf sachliche oder emotionale Angriffe erfolgen, dass das Gegenüber oder/und der anwesende Zuhörer wünscht, er wäre in dieser Situation auch darauf gekommen. Schlagfertigkeit ist keine Sache des Kehlkopfes, sondern des Köpfchens.

Schlagfertigkeit ist trainierbar und lässt sich erarbeiten. Deshalb wurden in diesem Buch Übungen zu konstruktiven schlagfertigen Gesprächstechniken und weiteren professionellen Schlagfertigkeitstechniken zusammengestellt.

Der Schwerpunkt liegt in der Darstellung bei den konstruktiven Techniken, die ich im normalen Business für das (Top-) Management propagiere und von gewohnten, tradierten Mustern abweichen oder diese kritisch reflektieren.

Zum Nacharbeiten oder zur Reflexion empfehle ich deshalb dem geneigten Leser meine bisherigen drei Standardbücher aus dem Orell Füssli Verlag (siehe Buchverweise am Ende des Buchs und Biografie in der hinteren Schutzumschlagklappe).

Ich habe deshalb konsequent auf umfangreiche Erklärungen und Beschreibungen verzichtet und mich dort, wo es zum Verständnis notwendig war, auf einfache, verständliche Muster oder Beispiele konzentriert. So ist sichergestellt, dass Ihnen nicht nach den Übungen der Kopf schwirrt. Im Gegenteil, es ist ein ausdrückliches Ziel der Übungen, Sie mit praktischen Beispielen zu versorgen, die Sie anschließend als Muster wie einen Joker einsetzen können.

Ein Dankeschön an alle bisherigen Teilnehmer und auch besonders an die »Bredemeier RevivalTrainingsgroup Munich« (Selbstbezeichnung) für alle Hinweise und Differenzierungen, Fragen und Anregungen.

Dass übrigens Schlagfertigkeit zwar ein deutsches Wort, aber kein rein deutsches Thema ist, zeigen die von Orell Füssli vergebenen Buchlizenzen u. a. in die Türkei, nach Korea oder auch China.

Jedem das Seine, dieses Arbeitsbuch ist für alle.

Neunkirchen/London im August 2003

Dr. Karsten Bredemeier
Im Wolfsgarten 4
D-53819 Neunkirchen

Hotline: 0049 (0) 172 240 44 44
www.dr-bredemeier.de
Mail: dr-bredemeier@t-online.de

Wichtiger Hinweis

Bitte lesen Sie diese Hinweise aufmerksam durch, sie erklären Ihnen die optimale Arbeit mit diesem Übungsbuch zur Schlagfertigkeit!

Schlagfertigkeit ist keine Sache des Kehlkopfes, sondern des Köpfchens!

1. Dieses Buch ist zwar ein Arbeitsbuch, aber Sie werden in ihm nur wenige separate Zeilen für die Antworten finden. Bitte notieren Sie Ihre Antworten in ein Heft oder auf einen Block, oder kopieren Sie sich die Übungen aus dem Buch, dann können Sie die Übung mit zeitlichem Abstand wiederholen! Ich empfehle Ihnen, entweder die Aufgabennummer der Übung oder die Seitenzahl aufzuschreiben (alle Aufgaben sind durchlaufend nummeriert). Notieren Sie sich außerdem die Zeiten, die Sie für die Übungen brauchen, dann stehen Sie unter Wettbewerbsdruck!
   Setzen Sie sich jeweils ein Zeitlimit (Stopp- oder Sanduhr) für die einzelnen Beispiele. Wenn Ihnen eine Antwort nicht in der gewünschten Zeit von den Lippen kommt oder wenn Sie mit der Antwort unzufrieden sind, dann überspringen Sie diese nach Ablauf der Zeit – deshalb auch das Arbeitsheft/der Notizblock.
2. Viele Übungen erfordern ein »Erarbeiten von Schlagfertigkeitsmustern«; nehmen Sie sich also die Zeit für diese Übungen, werfen Sie nicht gleich das Handtuch, wenn es

nicht sofort klappt, denn mit schlagfertigen Antworten ist es wie mit dem Pokerspiel. Wenn Sie ein Ass aus dem Ärmel ziehen wollen, müssen Sie es vorher hineinstecken. Schlagfertigkeit lässt sich üben und trainieren wie eine Grammatik.

3. Fallen Ihnen die Antworten noch schwer, dann übersetzen Sie die Aussagen in Bilder; stellen Sie sich die Situation vor – lieber etwas länger über der Antwort gebrütet als allzu früh aufgegeben.
4. Beim Anlegen von Übungsheften/Notizen halten Sie bitte eine Hälfte der Seite (quer- oder hochformatig) frei.
5. Forcieren Sie Ihren individuellen Lerncheck. Es bieten sich beim Check drei Möglichkeiten an.

- *Sie beantworten die Fragen laut,* lassen eventuell ein Diktiergerät mitlaufen und halten Ihre Antworten fest. So prägen Sie sich das Gelesene ein.
- *Sie beantworten die Fragen schriftlich* – es ist eine sinnvolle, zeitliche Investition. So reflektieren Sie das Gelesene mit der zweithöchsten Intensität.
- *Sie suchen sich einen »Mit«-Leser,* vielleicht sogar einen, der anders »tickt« als Sie. Mit diesem diskutieren und reflektieren, primär aber streiten Sie sich über die Aussagen.

6. Nehmen Sie sich bei Konferenzen oder Meetings vor, bestimmte Techniken umzusetzen, schreiben Sie sich die Übungsziele auf einen kleinen Zettel, den Sie neben Ihre Dokumentation legen.
7. Schreiben Sie sich in Ihr Übungsheft Angriffe oder verbale Untergriffe auf, die Sie in Meetings oder bei

Gesprächen – beruflich oder auch im privaten Bereich – nicht direkt kontern konnten.
Arbeiten Sie diese anschließend in einer ruhigen Minute auf – für das nächste Mal.

8. Übungsalternative: Sollten Sie sich dem Thema Schlagfertigkeit erst annähern und die einzelnen Übungen machen wollen, ohne jeweils die Hinführungen erarbeitet zu haben, so ist das natürlich auch möglich.
9. In diesem Fall überlegen Sie bitte, ob es für Sie nicht sinnvoller wäre, zunächst einmal die Antworten und Repliken durchzugehen und dann erst den Text aufzugreifen.

Bitte bedenken Sie:
Es gibt keine zweite Chance für eine erstklassige Antwort!

I. Schlagfertig sein

Schlagfertig ...

- sind *in der Innenwirkung* alle professionellen Reaktionen, wo Sie in einer Situation, in der Ihnen Druck entsteht oder auf Sie Druck ausgeübt wird, mehr tun, als den Mund aufzumachen, Luft zu holen und wieder zuzumachen;
- sind *in der Außenwirkung* jene professionellen Aktionen, gekonnten Repliken und nonverbalen-verbalen Reaktionen, die so souverän und konsequent auf sachliche oder emotionale Übergriffe oder Angriffe, Killerphrasen oder Attacken erfolgen, dass das Gegenüber oder/und anwesende Zuhörer wünschen oder denken, es oder sie wären in dieser Situation auch daraufgekommen;
- sind unterbewusste oder bewusste Muster der Prävention, Aktion oder Reaktion, die »man einfach beherrscht« oder die im anderen Fall wie eine Grammatik erlernbar sind.

Sprachlosigkeit entsteht für uns immer dann, wenn Sie weder professionelle Techniken, geeignete Methoden noch souveräne Instrumente besitzen oder einsetzen, auf verbale Schläge unprofessionell reagieren, wenn Sie andererseits den Gesprächsverlauf, den Gesprächspartner oder auch die Situation falsch oder unzureichend einschätzen und deshalb mit

Sprachlosigkeit reagieren, überreagieren – oder gar schweigen. Zunächst deshalb einmal die Abgrenzungen:

- Schlagfertigkeiten erfolgen *punktgenau und zeitgerecht.* Sie dürfen Ihnen also weder im Nachhinein, erst auf dem Nachhauseweg, einfallen oder gar erst am nächsten Tag, allerdings auch nicht mit einer emotional-geistigen Bremsspur versehen sein, die einen angemessenen Reaktionsrahmen – maximal drei bis fünf Sekunden – sprengen. Allerdings gilt: Lieber etwas zeitverzögert antworten als eine zweite Antwort benötigen, da die erste nicht richtig sitzt!
- Ihre Reaktion muss erstklassig sitzen und den Punkt treffen.
- Sie müssen oder wollen bei Ihnen und (natürlich am besten auch) Ihrem Auditorium, Publikum oder den Gesprächspartnern einen der gegebenen Situation angemessenen und *angenehmen »Nachgeschmack«* hinterlassen, also schließen sich in den meisten Situationen verbale Holzhammer, spitzzüngige Beleidigungen als Rohrkrepierer und gruppendynamische Bumerangantworten aus. Denn es nützt Ihnen nichts, wenn Sie eine Standardantwort schlagfertig auf eine Bemerkung ansetzen, Sie danach allerdings das Publikum und weiterhin Ihr Gegenüber gegen sich aufgebracht haben. In solchen Fällen haben Sie zwar verbale Tretminen gezündet, aber leider bleibt letztlich nur ein Opfer zurück: Sie selbst. Deshalb der angestrebte, angenehme Nachgeschmack: Sie haben eine passende Antwort gegeben, ein sauberes Reaktionsmuster gestaltet, mit dem Sie in der Nachbetrachtung zufrieden sind und von dem

Sie überzeugt sagen können: Es war o. k., ich war o. k., die Situation ist o. k.

Deshalb unterscheide ich konstruktive von weiteren Schlagfertigkeitstechniken!

- Schlagfertigkeiten können gezielte Florettstiche in Form vorsichtiger Denkanstöße sein, aber nie ein Freudenfeuerwerk verbaler Beleidigungen oder Steinigungsstätte oder Scheiterhaufen für Gegner.
- Professionelle Schlagfertigkeiten müssen deshalb die *unangenehme Situation beenden* und nicht erst einen Schlagabtausch inszenieren oder in einer Eskalation enden.
- Im übertragenen Sinne gilt: Schlagfertigkeiten können *zur Faust geballte Geistesblitze* sein, die dann allerdings auch einmal in der Tasche verschwinden, ohne immer ausgesprochen zu werden, die deshalb auch Sie als Person und Persönlichkeit im Licht stehen lassen und nicht ins Dunkle hinabstoßen.
- Hervorragende, professionelle und konstruktive Schlagfertigkeiten müssen Denkanstöße für das Gegenüber transportieren, die Situation und Befindlichkeiten transparent machen und beim Gegenüber haften sowie von ihm reflektiert werden.
- Schlagfertigkeiten basieren auf einer sensiblen Wahrnehmung, sie sind deshalb hellwache *verbale, nonverbale oder paraverbale Äußerungen,* die eine angemessene Kritik am Verhalten des anderen deutlich machen und ihn wieder zu einem sachorientierten Gespräch einladen – soweit Sie sich das in der Situation wünschen.

- Schlagfertigkeiten müssen sich zwangsläufig *an der Aussage,* auf die Sie reagieren wollen, *orientieren und keineswegs kontextloser Verbalmüll* sein.
- Schlagfertigkeiten zielen darauf ab, einen dialogischen Gesprächsknoten aufzulösen, ohne das Gespräch zu einem Wollknäuel von emotionalen Verwicklungen werden zu lassen.
- Und letztlich müssen deshalb Schlagfertigkeiten Ihr eigenes professionelles Standing, Souveränität im Umgang mit kritischen oder unangenehmen Gesprächspartnern und zugleich kommunikative Intelligenz reflektieren und zum Ausdruck bringen. Und zwar: nachhaltig.

Das ist ein hoher Anspruch an Ihr Training, aber auch zugleich der Arbeitsanspruch an Sie, erst das Gehirn einzuschalten und nicht einen dummen Spruch auf Kosten anderer zu produzieren.

Klassische Schlagfertigkeiten sind Produkte eines hellen Kopfes – und nicht eines schnellen Kehlkopfes.

Bitte beachten Sie aber:

Zu jeder schlagfertigen Antwort, die das Wortgefecht beenden soll, gehört, dass der Blickkontakt aufgegeben wird.

Wer eine flapsige oder auch passende Replik auf einen Verbalstreich setzt oder in einer Projektsitzung, Podiumsdiskussion, im Face-to-Face-Gespräch, einer Talk-Runde oder einer Konferenz eine gute, schlagkräftige Antwort versetzt, der kann häufig nicht anders, als dann doch seine Reaktion »wirken zu lassen«.

Sie oder er möchte den ersehnten verbalen Paukenschlag bei seinem Gegner auskosten, die Wirkung genießen, die verblüffende Irritation und die irritierende Verblüffung erleben. Doch dann, oh Wunder, der angreifende Dialogpartner erholt sich und setzt verbal nach. Beim sich nun entwickelnden Duell der schlagfertigen oder spitzzüngigen Worte haben Sie rein statistisch eine 50:50-Chance, am längeren Hebel zu sitzen oder sitzen zu bleiben.

Warum aber, so fragen Sie sich, ist mein Gegenüber trotz K.-o.-Schlag wieder eingestiegen? Es lag dann häufig an der Kontrolle mittels Blickkontakt, denn Sie fragten nonverbal an: »Und nun? Ich kann mir beim besten Willen nicht vorstellen, dass Sie noch etwas entgegenzusetzen haben?!«

Ein häufig übersehenes Detail, aber eine entscheidende dumme Angewohnheit, die wir alle fast ausnahmslos nur unter äußerster Konzentration abstreifen können. Grundsätzlich gilt:

Laden Sie nicht durch längeren Blickkontakt zum Wiedereinstieg in das Rede-Duell ein!

Konstruktive Schlagfertigkeitstechniken

Grundsätzlich stehen Sie vor der Frage, welchen Ansatz Sie in einer Gesprächssituation oder beim Vortrag, einer Präsentation oder in einem Meeting wählen,

- einen konstruktiven Schlagfertigkeitsansatz zur Wiederaufnahme eines ergebnisorientierten Gespräches oder
- einen lockeren Schlagabtausch, der beziehungsfördernd oder auch destruktiv für ein sachliches, ergebnisorientiertes Gespräch sein kann.

Der konstruktive Ansatz in der Schlagfertigkeit besteht darin, dass Sie eskalierende Gespräche und Diskussionen mit einer konsequenten Konfrontationskaskade beenden, die allerdings immer unter dem Vorzeichen steht, dass Ihr Gesprächsverlauf sachorientiert ist und sowohl Sie als auch Ihr Gesprächspartner ein Interesse an einem ergebnisorientierten Gespräch besitzen. Zur Deeskalation nutzen Sie bitte drei typische Strategien zur Schlagfertigkeit:

1. *Reaktion auf der Sachebene – die 3-T-Regel*
2. *Reaktion auf der emotionalen Ebene – die »emotionale Gelbe Karte«*
3. *Reaktion auf der Meta-Ebene – das »Bredemeier-Feedback«*

Reaktionen auf der Sachebene – die 3-T-Regel

Bei ersten Konfrontationen oder Spielchen, die Ihre Reputation, Ihr Image oder Ihre Kompetenz in Frage stellen, empfiehlt sich die konsequente Konfrontationsbeendigung auf der Sachebene. Das bedeutet, dass Sie eine Diskussion kurz, schmerzlos und konsequent auf ihr Sachthema zurückbringen.

Stellen wir uns vor, ein Gespräch sei bisher ergebnisorientiert und sachlich aufgesetzt gelaufen. Plötzlich werden (fast unmerklich) Nebenthemen thematisiert, und das Gespräch entgleitet trotzdem von der gemeinsam verabschiedeten Zielsetzung. Es gibt erste persönliche plänkelnde Übergriffe und Verbalattacken, die Sie persönlich unter Druck setzen oder Ihre Kompetenz untergraben. Ihr Bestreben ist es, auf eine sachbezogene Diskussion zu setzen und diese über eine konsequente Gesprächsführung wieder herbeizuführen. Die angemessene Primär-Reaktion besteht in der *3-T-Regel.* Diese folgt einem klaren, sachbezogenen Muster:

Touch – Turn – Talk

1. *Touch = Bewertung:* Bewerten Sie konsequent das jeweilige Gesprächsthema, checken Sie es mit der Zielsetzung gegen.
2. *Turn = Rückführung:* Kehren Sie zum Ursprungsthema zurück.
3. *Talk = Vertiefung:* Vertiefen Sie das Ursprungsthema, damit es wieder zentraler Gesprächsgegenstand wird.

Ein Beispiel:

Touch/Bewertung: »Werfen Sie bitte in unsere Sachdiskussion keine Nebenthemen ein. Bleiben Sie bitte im Interesse an einer ergebnisorientierten Diskussion beim zentralen Gesprächspunkt.«

Turn/Rückführung: »Unser Thema ist die Logistik in Ihrem Unternehmen beim Produkt XYZ.«

Talk/Vertiefung: »Ich hatte bereits die negativen Auswirkungen auf unsere Produktionszyklen aufgezeigt. Wie also stellen wir in einem angemessenem Zeitraum eine einwandfreie Logistik sicher? Ein Ansatz dafür ist ...«

Alternativ bei persönlichen Übergriffen:

Touch/appellativ: »Polemisieren Sie nicht, sondern bleiben Sie sachlich. Bleiben Sie bitte beim zentralen Gesprächspunkt.«

Turn: »Unser Thema ist die Logistik in Ihrem Unternehmen beim Produkt XYZ.«

Talk: »Ich hatte bereits die negativen Auswirkungen auf unsere Produktionszyklen aufgezeigt. Wie also stellen wir in einem angemessenem Zeitraum eine einwandfreie Logistik sicher? Ein Ansatz dafür ist ...«

Tipp: In einer Gesprächsrunde oder Diskussion wenden Sie Touch-Turn-Talk bitte auch hinsichtlich des Blickkontaktes an.

Touch – *Blickkontakt*	zum Adressaten, verbalisiert: »Polemisieren Sie nicht, sondern bleiben Sie sachlich.« »Bleiben Sie bitte beim zentralen Gesprächspunkt.«
Turn – *Blickwechsel*	zu einem anderen Gesprächspartner, verbalisiert: »Unser Thema ist die Logistik in Ihrem Unternehmen beim Produkt XYZ.«
Talk – *Blick-Ansprache*	des anderen Gesprächspartners, verbalisiert: »Ich hatte bereits die negative Auswirkungen auf unsere Produktionszyklen aufgezeigt. Wie also stellen wir in einem angemessenem Zeitraum eine einwandfreie Logistik sicher? Ein Ansatz dafür ist …«

Nur so stellen Sie sicher, dass der Adressat im Gespräch abgebunden wird. *Denn Blickkontakt bedeutet:* Na, gibt es etwa Widerspruch?! Und diesen Rückfall in das falsche Thema wollen Sie unter allen Umständen vermeiden.

Die Vorteile der 3-T-Regel sind evident:
- Sie übernehmen konsequent die Gesprächsführung.
- Sie akzeptieren keine Veränderung im zu besprechenden Thema.
- Sie klammern aktiv Nebenthemen oder auch persönliche Befindlichkeiten aus.

- Sie besetzen aktiv Ihre Position und halten sich strikt am Thema fest.
- Sie unterbinden Verbalgeplänkel und Kompetenzspielchen.
- Sie setzen hinsichtlich aller Störmanöver klare und verbindliche Grenzen.
- Sie deeskalieren sofort und konsequent Gesprächsentgleisungen.
- Sie beantworten damit nämlich nicht nur Fragen, sondern setzen klare Botschaften ab.
- Sie beantworten nur die Fragen, die gesprächsfördernd sind, und bewerten deshalb auch diese Fragen.

Bedenken Sie: Jede Antwort legitimiert die Frage!

Bitte beachten Sie dabei folgende Grundsätze:

Formulieren Sie *positive Aussagen.*

Falsch:	»Persönliche Befindlichkeiten sind nicht unser Thema!«
Richtig:	»Unser Thema ist die Logistik, bitte erläutern Sie Ihre Vorstellungen!«

Akzentuieren Sie das Gesagte mit *deutlichen Bewertungen.*

Falsch:	»Damit können wir unsere Zielsetzung besser erreichen.«
Richtig:	»Nur so erreichen wir konsequent unser Gesprächsziel!«

Stellen Sie *negative Abgrenzungen* nach vorne, die *positive Themensetzung* nach hinten.

Falsch: »Es geht hier um das Unternehmen, nicht um Ihren Bereich.«

Richtig: »Es geht hier nicht um Ihren Bereich, sondern um das Gesamtunternehmen!«

Formulieren Sie *knapp und prägnant.*

Falsch: »Nun ja, es ist ja so, dass wir bereits mehrfach versucht haben, eine Annäherung an das Thema, natürlich unter gewissen …«

Richtig: »… zum Thema. Halten wir fest, dass wir uns darauf verständigt haben …«

Vermeiden Sie Relativierungen, verbalen Einschränkungen, geistigen Bankrotterklärungen und Zeichen kommunikativer Inkompetenz.

Falsch: »Vielleicht wäre es jetzt Zeit, eigentlich einmal, so befürworte ich es jedenfalls, bestimmt gibt es dort auch Widerspruch …«

Richtig: »Zurück zu den Lösungsvorschlägen. Vorschlag war …«

Arbeiten Sie nicht mit Fragen, sondern *mit klaren Appellen* in der Gesprächsführung.

Falsch: »Könnten wir uns nun wieder unserem Thema Logistik zuwenden?«

Richtig: »Herr Maier, bitte unterbreiten Sie uns Ihren Lösungsvorschlag!«

Verzichten Sie auf Wiederholungen bei Negativaussagen, diese verstärken die falsche Botschaft und untermauern den Vorwurf.

Falsch: »Ein schlechtes Image? Nein, ein schlechtes Image haben wir nicht.«

Richtig: »Nein, wir haben ein gutes Image in der Öffentlichkeit!«

Typische und mögliche »Touch«-Muster

- Ja/Nein.
- Die Frage stellt sich in einem anderen Kontext.
- Das ist ein Nebenthema.
- Das ist genau der Punkt.
- Darum geht es jetzt nicht.
- Das ist allein Ihre Meinung.
- Sie pauschalieren.
- Unsere Kunden haben eine andere Frage.
- Das ist ein anderer Aspekt.
- Richtig/falsch.
- Das ist eine Spekulation.
- So stellt sich das aus Ihrer Sicht dar.
- Da sind Sie einer Fehlinformation aufgesessen.
- Das ist ein falscher Eindruck.

Bei Negativaussagen zu Ihrer Person, zum Unternehmen, zum Image, zu Ihrer Kompetenz, zur Ausbildung oder zu Ihrer Erfahrung verbieten sich Gegenfragen, da diese normalerweise durch den Angreifer mit einer verbalen Breitseite beantwortet werden können.

Ein Beispiel für eine misslungene Gegenfrage:
Attacke: »Sie haben intern ein schlechtes Image!«
Fatale Gegenfrage: »Wie kommen Sie zu dieser Einschätzung?!«
Mögliche Antwort:
»1. Es reden alle Mitarbeiter schlecht über Sie,
2. traut Ihnen keiner einen erfolgreichen Abschluss dieses wichtigen Projektes zu,
3. haben Sie bereits ein wichtiges Projekt als Verantwortlicher in den Sand gesetzt.«

Sollten Sie dennoch an einer Vertiefung interessiert sein, empfehle ich Ihnen grundsätzlich nur die wertende Gegenfrage:

»Wie gelangten Sie zu dieser *Fehl*einschätzung?«

Nur so stellen Sie sicher, dass das anschließend Gesagte bereits in der Wahrnehmung einer Bewertung bei anderen anwesenden Personen unterliegt.

Insgesamt unterliegen Touch und Turn in den Erwiderungen häufig Gegensätzen.

Es gilt:
Je stärker der Vorwurf, desto konsequenter die Erwiderung.

Diese Kontraste kristallisieren sich besonders in Gegensätzen wie:

(Touch)	(Turn)
Spekulation	Beweis
Einschätzung	Fakt
persönlicher Eindruck	Nachweis
Einschätzung	Ergebnis
Annahme	Resultat
Theorie	Praxis

Einige *schlagfertige* Beispiele, wo die Antworten natürlich bewusst *mit zusätzlichen Botschaften positiv* unterstrichen werden:

»Haben Sie schon einmal ein Rhetorik-Seminar besucht?«

Falsche Antwort:	»Ja!«
Mögliche Replik Ihres Gegenübers:	»Und warum merkt man das nicht?«

Richtige Antwort:

(Touch)	»Ja,
(Turn)	und wenn sie meine Auftritte analysieren, dann stellen Sie das sicherlich fest,
(Talk)	da ich beispielsweise die 5-Satz-Technik konsequent in Stellungnahmen anwende.«

»Warum hat Ihr Unternehmen ein schlechtes Image?«

Falsche Antwort:	»Ein schlechtes Image, wie kommen Sie darauf?« Ihr Gegenüber könnte nun eine verbale Breitseite loslassen.

Richtige Antwort:

(Touch)	»Da unterliegen Sie einer Fehleinschätzung.
(Turn)	Fakt ist, dass wir sowohl in der Öffentlichkeit als auch bei Kunden ein hervorragendes Image haben.
(Talk)	Ein Beispiel dafür ist der diesjährige Award ...«

Variationen zum Thema

Sprachlosigkeit im Umgang mit Gesprächspartnern entsteht bei Managern oftmals, wenn Sie auf vorgegebene Gesprächsmuster einsteigen und sich dadurch in das Muster

- suggestive Frage ⇨ verblüffte/irritierte Antwort/Gegenfrage
- dezidierter Vorwurf ⇨ Druck der Rechtfertigung/Sprachlosigkeit

einlassen. Ich habe mich immer geärgert, dass viele Kollegen beim Kommunikationstraining grundsätzlich häufig nur lehren, wie *Fragen richtig,* optimal und umfassend beantwortet werden, anstatt darauf hinzuweisen, die *richtigen Fragen zu beantworten.* Und das ist schwer, da wir seit Kindesbeinen lernen, wie und dass wir Fragen zu beantworten haben.

»Frage nicht, antworte!« ist eine alte Regel, die Ihnen bei kritischen Gesprächssituationen überhaupt *nicht* hilft, sondern häufig in der Sprachlosigkeit mündet. Nochmals:

(Gegen-)Fragen verbieten sich, wenn negative Aussagen zu
- Ihrer Kompetenz und/oder Ihrem Image,
- Ihrem Bereich oder Ihrem Unternehmen oder
- persönlichen Themen gemacht werden.

Fragen oder Aussagen von kritischen oder unfairen Gesprächspartnern zu beantworten und aufzunehmen heißt, sie zu legitimieren und Gesprächsdruck zu haben.

Etwas grundsätzlicher können wir festhalten: (Falsche) Höflichkeit mag es gebieten, alle Fragen des Gegenübers zu beantworten, Souveränität und Professionalität aber dagegen, nicht alle Fragen beim Gespräch zuzulassen, denn *jede Antwort legitimiert die Frage!*

Der ehemalige CDU-Spitzenmann Heiner Geißler hat auf Fragen nach Inkompetenz oder Umsetzungsschwächen grundsätzlich zurückgefragt, indem er antwortete: »Zunächst stellt sich doch erst einmal die Frage, was wir alles erreicht haben, wir haben 1. ..., 2. ..., 3. ..., 4. ...«

Gesprächspartner hatten dadurch Schwierigkeiten, ihn zu den negativen Themen zu befragen, und konnten jeweils nur negative Aspekte herausstreichen.

Anders hingegen ein Topmanager der Wirtschaft, der sich in »Der heiße Stuhl«, einer früheren RTL-Produktion, darum bemühte, alle Fragen zu beantworten, ob sie nun sein Ressort betrafen oder nicht, und vor laufender Kamera einen Kreislaufzusammenbruch bekam.

Was besser ist, brauchen wir hier nicht zu erläutern.

Hier nun Profi-Tipps im Umgang mit Fragen in kritischen Gesprächssituationen auf Grundlage der 3-T-Regel. Wir konzentrieren uns auf die Aspekte Touch und Turn.

Theoretisieren Sie kritische Fragen und polemische Vorwürfe:

⇨ »Sehr theoretisch diese Frage, aus der Praxis heraus muss ich Ihnen dagegen sagen …«

Adressieren/delegieren Sie Fragen und unhaltbare Unterstellungen neu im Interessse weiterer Gesprächsteilnehmer:

⇨ »Eine berechtigte Frage, allerdings eine Frage an die falsche Adresse, stellen Sie diese unserem Geschäftsführer.«

Interpretieren Sie Fragen und kritische Aussagen in Gesprächsrunden:

⇨ »Ihre Frage bezieht sich ja auf einen anderen Punkt als den angesprochenen …!«

Ersetzen Sie konsequent Fragen oder Bemerkungen kritischer und unfairer Gesprächspartner:

⇨ »Die Frage streift unser Thema ›Strategie‹ nur, die richtige Frage an die Runde muss aus Sicht des Unternehmens daher lauten …«

Überhöhen Sie Fragen oder Vorwürfe der Kritiker:

⇨ »Ihre Frage geht am Thema vorbei, dahinter steht allerdings die Kernfrage …«

⇨ »Interessante Frage aus Sicht von Außenstehenden, aber die wesentliche Frage unserer Aktionäre lautet …«

Begrenzen Sie Fragen oder Einwürfe durch Themenfokussierung auf die Gesprächsrunde:

⇨ »Ein absoluter Randaspekt. Letztlich geht es um ...«

⇨ »Ihre Frage geht an unserem Thema vorbei, da wir uns im Gespräch ...«

Engen Sie pauschale Fragen oder Vorwürfe durch Definitionen und Begrifflichkeit terminologisch ein:

⇨ »Um Ihrer Frage gerecht zu werden, bitte ich Sie, Projektmanagement und dessen Rahmenbedingungen zu definieren ...«

⇨ »Der Begriff Verantwortung ist mehrdeutig. Welche Verantwortung genau sprechen Sie in welchem Kontext an?«

Klassisch: Bewerten Sie Fragen und Polemik der Gesprächspartner:

⇨ »Entschuldigung, aber das ist eine typische Frage eines Unternehmensberaters, beschäftigen wir uns deshalb bitte direkt mit der Umsetzung!«

⇨ »Sorry, aber diese Frage stellen sich unsere Aktionäre nicht. Unsere Aktionäre ...!«

Konkretisieren Sie allgemeine Unterstellungen und Fragen im Interesse der Gesprächsrunde:

⇨ »Konkretisieren Sie bitte Ihre Frage für die Anwesenden, worum geht es Ihnen genau?«

Decken Sie bei Fragen unfaire Intentionen/Absichten des Kritikers auf:

⇨ »Was beabsichtigen Sie mit dieser herabsetzenden und polemischen Frage?«

Ordnen Sie Aussagen und kritische Fragen im Kontext ein:

⇨ »Lieber Herr Meier, Sie stellen wiederholt in anderen Formulierungen dieselbe Frage. Diese hatten wir bereits mehrfach ausführlich diskutiert und abschließend beantwortet. Nochmal: Wir hatten ...«

Konterkarieren/kontextualisieren Sie kritische und polemische Fragen, indem Sie diese zurückstellen:

⇨ »Ihre polemische Frage deckt wiederum nur einen unwesentlichen Aspekt der insgesamt komplexen Strategie unseres Unternehmens ab, deshalb vorab zum Kontext einmal die Gesamtstrategie: ...«

Streichen Sie die Inkompetenz des unfairen Fragestellers heraus:

⇨ »Als Projektmanager wissen Sie doch, dass die Frage rein theoretisch ist ...«

Übungen zu Fragen in kritischen Situationen

Wichtiger Hinweis:

Fallen Ihnen die Antworten noch schwer, dann übersetzen Sie die Aussagen in Bilder, stellen Sie sich die Situation vor.

Lieber etwas länger über der Antwort gebrütet als allzu früh aufgegeben. Schlagfertigkeitsmuster müssen und können Sie wie eine Grammatik erlernen.

Bitte notieren Sie Ihre Antworten in ein Heft oder auf einen Block, oder kopieren Sie sich die Übungen aus dem Buch, dann können Sie sie mit zeitlichem Abstand wiederholen! Ich empfehle Ihnen, entweder die Aufgabennummer der Übung oder die Seitenzahl aufzuschreiben (alle Aufgaben sind durchlaufend nummeriert). Notieren Sie sich außerdem die Zeiten, die Sie für die Übungen brauchen, dann stehen Sie unter Wettbewerbsdruck!

Bitte beachten Sie auch die Übungshinweise in der Einleitung. Lassen Sie sich auch nicht durch die scheinbare Redundanz bei den Aufgaben zu den drei Übungsvorlagen irritieren; die Aufgaben dienen dem systematischen Training auch bei unterschiedlichen Vorgaben.

Übungsvorlage:

Sie sind Optiker in einem 50 000-Seelen-Städtchen. Sie haben drei Geschäfte und sind für Ihre extravagante Werbung bekannt, mit der Sie bereits ca. 65 Prozent Marktanteil erreicht haben. Auf einer öffentlichen Sitzung in erhitzter Diskussionsrunde in der Werbegemeinschaft wirft Ihnen nun ein Markteinsteiger, der gerade ein heruntergewirtschaftetes Optikergeschäft übernommen hat, Folgendes vor:

»Ihr ArtDesignOptikHaus genießt in der Stadt ein schlechtes Image!«

Reagieren Sie nun anhand der folgenden Muster!

1. Theoretisieren Sie kritische Fragen und polemische Vorwürfe:

   ____

2. Adressieren/delegieren Sie Fragen und unhaltbare Unterstellungen neu im Interesse weiterer Gesprächsteilnehmer:

   ____

3. Interpretieren Sie Fragen und kritische Aussagen in Gesprächsrunden:

   ____

4. Ersetzen Sie konsequent Fragen oder Bemerkungen kritischer und unfairer Gesprächspartner:

   ____

5. Überhöhen Sie Fragen oder Vorwürfe der Kritiker:

   ____

6. Begrenzen Sie Fragen oder Einwürfe durch Themenfokussierung auf die Gesprächsrunde:

   ____

7. Engen Sie pauschale Fragen oder Vorwürfe durch Definitionen und Begrifflichkeit terminologisch ein:

   ____

8. Klassisch: Bewerten Sie die Fragen und Polemiken der Gesprächspartner:

   ___

9. Konkretisieren Sie allgemeine Unterstellungen und Fragen im Interesse der Gesprächsrunde:

   ___

10. Decken Sie bei Fragen unfaire Intentionen/Absichten des Kritikers auf:

    ___

11. Ordnen Sie Aussagen und kritische Fragen im Kontext ein:

    ___

12. Konterkarieren/kontextualisieren Sie kritische und polemische Fragen, indem Sie diese zurückstellen:

    ___

13. Streichen Sie die Inkompetenz des unfairen Fragestellers heraus:

    ___

Übungsvorlage:
Sie sind Projektmanager und haben ein Projekt zur Neuorganisation des Vertriebs in Ihrem Unternehmen bereits erfolgreich abgeschlossen.

Jetzt wirft Ihnen bei einer Sitzung ein anwesender Kunde beiläufig vor, dass der Vertrieb noch nicht besser geworden ist, die Neuorganisation noch nicht richtig greift.

Er sagt polemisierend: »Na ja, das ist wieder so ein typisches Projekt, wo viele an einem Tisch sitzen, heiße Luft produzieren, aber letztlich der Output nur begrenzt ist!«

Reagieren Sie nun anhand der unten angegebenen Muster!

14. Theoretisieren Sie kritische Fragen und polemische Vorwürfe:

    ____

15. Adressieren/delegieren Sie Fragen und unhaltbare Unterstellungen neu im Interessse weiterer Gesprächsteilnehmer:

    ____

16. Interpretieren Sie Fragen und kritische Aussagen in Gesprächsrunden:

    ____

17. Ersetzen Sie konsequent Fragen oder Bemerkungen kritischer und unfairer Gesprächspartner:

    ____

18. Überhöhen Sie Fragen oder Vorwürfe der Kritiker:

    ____

19. Begrenzen Sie Fragen oder Einwürfe durch Themenfokussierung auf die Gesprächsrunde:

    ____

20. Engen Sie pauschale Fragen oder Vorwürfe durch Definitionen und Begrifflichkeit terminologisch ein:

___

21. Klassisch: Bewerten Sie die Fragen und Polemiken der Gesprächspartner:

___

22. Konkretisieren Sie allgemeine Unterstellungen und Fragen im Interesse der Gesprächsrunde:

___

23. Decken Sie bei Fragen unfaire Intentionen/Absichten des Kritikers auf:

___

24. Ordnen Sie Aussagen und kritische Fragen im Kontext ein:

___

25. Konterkarieren/kontextualisieren Sie kritische und polemische Fragen, indem Sie diese zurückstellen:

___

26. Streichen Sie die Inkompetenz des unfairen Fragestellers heraus:

___

Übungsvorlage:

Bitte benennen Sie einen Vorwurf aus der Vergangenheit, bilden Sie nochmals die Situation vor Ihrem geistigen Auge ab und formulieren Sie nun bitte nochmals den Vorwurf:

____

____

Reagieren Sie nun anhand der unten angegebenen Muster!

27. Theoretisieren Sie kritische Fragen und polemische Vorwürfe:

    ____

28. Adressieren/delegieren Sie Fragen und unhaltbare Unterstellungen neu im Interessse weiterer Gesprächsteilnehmer:

    ____

29. Interpretieren Sie Fragen und kritische Aussagen in Gesprächsrunden:

    ____

30. Ersetzen Sie konsequent Fragen oder Bemerkungen kritischer und unfairer Gesprächspartner:

    ____

31. Überhöhen Sie Fragen oder Vorwürfe der Kritiker:

    ____

32. Begrenzen Sie Fragen oder Einwürfe durch Themenfokussierung auf die Gesprächsrunde:

___

33. Engen Sie pauschale Fragen oder Vorwürfe durch Definitionen und Begrifflichkeit terminologisch ein:

___

34. Klassisch: Bewerten Sie Fragen und Polemik der Gesprächspartner:

___

35. Konkretisieren Sie allgemeine Unterstellungen und Fragen im Interesse der Gesprächsrunde:

___

36. Decken Sie bei Fragen unfaire Intentionen/Absichten des Kritikers auf:

___

37. Ordnen Sie Aussagen und kritische Fragen im Kontext ein:

___

38. Konterkarieren/kontextualisieren Sie kritische und polemische Fragen, indem Sie diese zurückstellen:

___

39. Streichen Sie die Inkompetenz des unfairen Fragestellers heraus:

____

Aus der Gesprächspraxis heraus kennen Sie vielleicht die Situation, dass Ihr Gesprächspartner vor der von Ihnen gestellten Frage kneift, vom Thema kontinuierlich abweicht, andere Themen anspricht oder ausweicht.

Damit Sie im Interesse der Botschaft und natürlich im eigenen diese Fragen doch durchbringen, hier einige grundsätzliche Profi-Tipps:

- Unterbrechen Sie den ausweichenden oder polemisierenden Gesprächspartner direkt und konsequent, wiederholen Sie Ihre Frage wörtlich: »Entschuldigung, doch Sie weichen aus, nochmal: Meine Frage lautete: ...«
- Sprechen Sie direkt Ihren Dialogpartner auf sein Ausweichen an: »Bitte beantworten Sie ohne Wenn und Aber meine Frage!« – »Entschuldigung, aber das ist keine ausreichende Erklärung.«

Und hier noch ein wichtiger Tipp:
Bei Unterstellungen unterbrechen Sie bitte (Schluss mit falscher Zurückhaltung!) den Gesprächspartner direkt und konsequent, zeigen Sie Ihren Protest und Ihr Unverständnis auch mit Gestik und anderen Körpersignalen an, decken Sie die Unterstellungen konsequent auf! Vermeiden Sie das stereotype Nicken, mit dem Sie andeuten wollen, dass Sie wissen,

worauf Ihr Gesprächspartner hinaus will, was ihm allerdings signalisiert: Sie haben Recht mit Ihrer Aussage! Dieses Verhalten ist kontraproduktiv.

Übungen zu Vorwürfen, Polemiken, Killerphrasen und Unterstellungen

Um bei diesen Übungen das *Muster nachhaltig zu trainieren,* ist es wichtig, dass Sie auf die Aussage reagieren, *ohne dass Sie einen Kontext haben.* Reagieren Sie – streichen Sie Ihre Kompetenz, Professionalität oder Ihr Know-how hervor.

Beachten Sie die oben genannten Grundsätze und Instrumente der 3-T-Regel.

Wichtiger Hinweis:
Fallen Ihnen die Antwort noch schwer, dann übersetzen Sie die Aussagen in Bilder, stellen Sie sich die Situation vor. Lieber etwas länger über der Antwort gebrütet als allzu früh aufgegeben. Schlagfertigkeitsmuster müssen und können Sie wie eine Grammatik erlernen.

Bitte notieren Sie Ihre Antworten in ein Heft oder auf einen Block, oder kopieren Sie sich die Übungen aus dem Buch, dann können Sie die Übung mit zeitlichem Abstand wiederholen! Ich empfehle Ihnen, entweder die Aufgabennummer der Übung oder die Seitenzahl aufzuschreiben (alle Aufgaben sind durchlaufend nummeriert). Notieren Sie sich außerdem die Zeiten, die Sie für die Übungen brauchen, dann stehen Sie unter Wettbewerbsdruck!

Bitte beachten Sie auch die Übungshinweise in der Einleitung.

Beispiel für das Fragemuster:
»Können Sie auch einmal gekonnt und kompetent einen Beitrag leisten …?«
Reaktion:

Touch:	»Selbstverständlich, denn nichts anderes tue ich ja.
Turn:	Ich hatte zum Sachverhalt gerade festgestellt,
Talk:	dass wir eine überzeugende Lösung in … gefunden haben!«

Übungen

40. »Sie können mir also offensichtlich zugestehen, …«

Touch/Bewertung: ______

Turn/Überführen: ______

Talk/Vertiefen: ______

41. »Das müssen nach dieser Diskussion nun selbst Sie einsehen …«

Touch/Bewertung: ______

Turn/Überführen: ______

Talk/Vertiefen: ______

42. »Wie erklären Sie Ihr schlechtes Image im Unternehmen?«

Touch/Bewertung: ______

Turn/Überführen: ______

Talk/Vertiefen: ______

43. »Also Frau Kollegin, Sie glauben doch nicht allen Ernstes ...«

Touch/Bewertung: ______

Turn/Überführen: ______

Talk/Vertiefen: ______

44. »Mensch Meier, sind Sie schon wieder dabei, einen Sündenbock zu suchen?«

Touch/Bewertung: ______

Turn/Überführen: ______

Talk/Vertiefen: ______

45. »Das ist doch nahezu neurotisch, was Sie dort praktizieren!«

Touch/Bewertung: ______

Turn/Überführen: ______

Talk/Vertiefen: ______

46. »Wie kommen Sie auf eine solche einseitige, inkompetente und undurchdachte These?«

Touch/Bewertung: ______

Turn/Überführen: ______

Talk/Vertiefen: ______

47. »Sie haben mich überhaupt nicht verstanden – haben Sie mir überhaupt zugehört? Oder wollen Sie mich etwa wieder einmal nicht verstehen?«

Touch/Bewertung: ______

Turn/Überführen: ______

Talk/Vertiefen: ______

48. »Ich habe Ihnen ja nun bereits mehrfach in epischer Breite erklärt, …«

Touch/Bewertung: ______

Turn/Überführen: ______

Talk/Vertiefen: ______

49. »Sorry, aber von Projektmanagement haben Sie nun gar keine Ahnung!«

Touch/Bewertung: ______

Turn/Überführen: ______

Talk/Vertiefen: ______

50. »Sie ewiger Besserwisser, nun erklären Sie sich doch nicht schon wieder …«

    Touch/Bewertung: ____________________

    Turn/Überführen: ____________________

    Talk/Vertiefen: ____________________

51. »Ist doch offensichtlich, dass Sie fatalen Denkfehlern unterliegen.«

    Touch/Bewertung: ____________________

    Turn/Überführen: ____________________

    Talk/Vertiefen: ____________________

52. »Wenn Sie jetzt endlich einmal ehrlich wären …«

    Touch/Bewertung: ____________________

    Turn/Überführen: ____________________

    Talk/Vertiefen: ____________________

53. »Als halbwegs gebildeter Intellektueller müssten Sie doch wissen, dass …«

    Touch/Bewertung: ____________________

    Turn/Überführen: ____________________

    Talk/Vertiefen: ____________________

54. »Glückwunsch, Sie reden schon wieder seit knapp fünf Minuten um den heißen Brei herum ...«

    Touch/Bewertung: ______

    Turn/Überführen: ______

    Talk/Vertiefen: ______

55. »Das ist völliger Quatsch ...«

    Touch/Bewertung: ______

    Turn/Überführen: ______

    Talk/Vertiefen: ______

56. »Das ist eine abstruse Theorie, aber darin sind Sie ja stark!?«

    Touch/Bewertung: ______

    Turn/Überführen: ______

    Talk/Vertiefen: ______

57. »Sind Sie nur zufällig oder bewusst auf dem Holzweg?«

    Touch/Bewertung: ______

    Turn/Überführen: ______

    Talk/Vertiefen: ______

58. »Typisch für Sie: Augen zu und durch – so nicht!«

    Touch/Bewertung: ______

    Turn/Überführen: ______

    Talk/Vertiefen: ______

59. »Mensch, Frau Kollegin, sind Sie so naiv oder ist das Ihre Masche?«

    Touch/Bewertung: ______

    Turn/Überführen: ______

    Talk/Vertiefen: ______

60. »Kompliment, aber erklären Sie mir bitte eins: Wie kann man nur so grundlegend an der Realität vorbeidenken?«

    Touch/Bewertung: ______

    Turn/Überführen: ______

    Talk/Vertiefen: ______

61. »Sorry, aber das ist ausgewachsener Schwachsinn, den Sie von sich geben!«

    Touch/Bewertung: ______

    Turn/Überführen: ______

    Talk/Vertiefen: ______

62. »Hilft es Ihnen, wenn ich langsamer spreche?«

Touch/Bewertung: ______

Turn/Überführen: ______

Talk/Vertiefen: ______

63. »Soll ich es Ihnen nochmals erklären, oder begreifen Sie es langsam?«

Touch/Bewertung: ______

Turn/Überführen: ______

Talk/Vertiefen: ______

64. »Können Sie eigentlich nur zuhören, wenn Sie Selbstgespräche führen, oder klappt es noch nicht einmal dann?«

Touch/Bewertung: ______

Turn/Überführen: ______

Talk/Vertiefen: ______

65. »Sind Sie immer so destruktiv und polemisch in Ihren Ausführungen?«

Touch/Bewertung: ______

Turn/Überführen: ______

Talk/Vertiefen: ______

66. »Das wollen Sie uns ernsthaft als überzeugende Strategie unterjubeln?«

    Touch/Bewertung: ____________________________

    Turn/Überführen: ____________________________

    Talk/Vertiefen: ____________________________

67. »Glauben Sie, wir sind hier auf einer Karnevalsveranstaltung?«

    Touch/Bewertung: ____________________________

    Turn/Überführen: ____________________________

    Talk/Vertiefen: ____________________________

68. »Na, sollen wir einmal Ihrer mittelmäßigen Intelligenz Rechnung tragen?«

    Touch/Bewertung: ____________________________

    Turn/Überführen: ____________________________

    Talk/Vertiefen: ____________________________

69. »Da hat mir ein ausgewiesener Experte kürzlich aber etwas anderes gesagt …«

    Touch/Bewertung: ____________________________

    Turn/Überführen: ____________________________

    Talk/Vertiefen: ____________________________

70. »Ach, glauben Sie, dass man einer Gans die Füße platt kloppen kann, um sie dann unter Ihrem geistreichen Marketing als Ente zu verkaufen?«

Touch/Bewertung: ______

Turn/Überführen: ______

Talk/Vertiefen: ______

71. »Also von einem so genannten Experten erwarte ich nun aber etwas anderes …«

Touch/Bewertung: ______

Turn/Überführen: ______

Talk/Vertiefen: ______

72. »Leiden Sie privat auch sehr unter diesen abstrusen Ideen?«

Touch/Bewertung: ______

Turn/Überführen: ______

Talk/Vertiefen: ______

73. »Oh, wie gutgläubig manche Leute sind …«

Touch/Bewertung: ______

Turn/Überführen: ______

Talk/Vertiefen: ______

74. »Und davon sollen wir nun überzeugt sein?!«

    Touch/Bewertung: __________

    Turn/Überführen: __________

    Talk/Vertiefen: __________

75. »Ach, und das sollen wir Ihnen wirklich abkaufen!?«

    Touch/Bewertung: __________

    Turn/Überführen: __________

    Talk/Vertiefen: __________

76. »Und wie soll uns das nun weiterbringen?«

    Touch/Bewertung: __________

    Turn/Überführen: __________

    Talk/Vertiefen: __________

77. »Jetzt seien Sie doch nicht immer so empfindlich und direkt persönlich betroffen!«

    Touch/Bewertung: __________

    Turn/Überführen: __________

    Talk/Vertiefen: __________

78. »Sagen Sie mal: Sind Ihre Sommersprossen die einzigen Gesichtspunkte, die Sie auszuweisen haben?«

Touch/Bewertung: ____________________

Turn/Überführen: ____________________

Talk/Vertiefen: ____________________

79. »Ist der Briefkopf der einzige Kopf, den Sie besitzen?«

Touch/Bewertung: ____________________

Turn/Überführen: ____________________

Talk/Vertiefen: ____________________

80. »Können Sie nicht einmal die Lösung bringen?«

Touch/Bewertung: ____________________

Turn/Überführen: ____________________

Talk/Vertiefen: ____________________

81. »Eine Lösung haben Sie zwar – aber hätten Sie auch eine, die zu unserem geschilderten Problem passt?«

Touch/Bewertung: ____________________

Turn/Überführen: ____________________

Talk/Vertiefen: ____________________

82. »Kompliment, diesen Fehlversuch mussten Sie auch erst einmal machen!«

Touch/Bewertung:

Turn/Überführen:

Talk/Vertiefen:

83. »Wenn es nicht solche Dummköpfe wie Sie gäbe, hätten die Cleveren in unserem Team ja gar keinen Erfolg!«

Touch/Bewertung:

Turn/Überführen:

Talk/Vertiefen:

84. »Buchstabieren Sie Team in Ihrem Vorschlag als ›Toll, Ein Anderer Machts‹?«

Touch/Bewertung:

Turn/Überführen:

Talk/Vertiefen:

85. »Stehen Sie sich eigentlich häufig selber im Wege?«

Touch/Bewertung:

Turn/Überführen:

Talk/Vertiefen:

86. »Warum zerbrechen Sie sich meinen Kopf?«

Touch/Bewertung: ____________________

Turn/Überführen: ____________________

Talk/Vertiefen: ____________________

87. »Tja, Kollegen, es wird wieder einmal deutlich: Im Kampf der Geschlechter gibt es keine Kriegsdienstverweigerer, wie uns die Kollegin wieder einmal gekonnt beweist!«

Touch/Bewertung: ____________________

Turn/Überführen: ____________________

Talk/Vertiefen: ____________________

88. »Sie sollten sich einmal reden hören!«

Touch/Bewertung: ____________________

Turn/Überführen: ____________________

Talk/Vertiefen: ____________________

89. »Also, das ist mir persönlich völlig egal!«

Touch/Bewertung: ____________________

Turn/Überführen: ____________________

Talk/Vertiefen: ____________________

Die Konfrontationsbeendigung

Die »emotionale Gelbe Karte«

Stellen wir uns folgende Ausgangslage vor: Das Gespräch eskaliert trotz Ihrer ersten Intervention über die sachliche Ebene weiterhin. Ihr Gesprächspartner polemisiert nach wie vor, baut Killerphrasen ein, emotionalisiert das Gespräch, macht persönliche Vorwürfe, oder/und Nebenthemen erschweren das Gespräch.

Dabei verzichten Sie grundsätzlich auf die Aufnahme des Vorwurfs oder der Aussage. Die angemessene Sekundärreaktion ist

die »emotionale Gelbe Karte«.

Wie also entledigen Sie sich des Gesprächsdrucks, wie reagieren Sie auf die Unterstellungen und Vorwürfe nun sachgerecht in dieser erneuten emotionalen Eskalationsstufe?

Standardreaktion (verbal/nonverbal)

- Lehnen Sie sich zurück,
- lächeln Sie Ihr Gegenüber an,
- fragen Sie Ihren Gesprächspartner: »Was soll das?!«

Im Normalfall folgt auf diesen Vorwurf eine Rechtfertigung oder Erklärung, in ca. 90 Prozent der Fälle versachlicht der Gesprächspartner jedoch wieder das Gespräch.

Das Muster ist nun umgedreht, der Gesprächsdruck beim Gegenüber:

- suggestive Frage ⇨ verblüffte/irritierte Antwort/Gegenfrage
- dezidierter Vorwurf ⇨ Druck der Rechtfertigung/Sprachlosigkeit

Verstärker:	»Was soll das? Diese Polemik haben Sie doch nicht nötig. Lassen Sie es!«
Noch stärker:	»Was soll das? Das haben Sie doch nicht nötig, Sie machen sich lächerlich. Mir wäre das peinlich/das ist doch peinlich.«

Nehmen wir also einige Fragen aus der ersten Eskalationsstufe. Es geht also nicht mehr darum, sie elegant zu parieren, sondern die Gelbe Karte zu zücken, die mitteilt: So nicht!

Übungen

90. »Buchstabieren Sie Team in Ihrem Vorschlag als ›Toll, Ein Anderer Machts‹?«
»Was soll das? ...«
___

91. »Stehen Sie sich eigentlich häufig selber im Wege?«
»Was soll das? ...«
___

92. »Warum zerbrechen Sie sich meinen Kopf?«
»Was soll das? ...«
___

93. Tja, Kollegen, es wird wieder einmal deutlich: Im Kampf der Geschlechter gibt es keine Kriegsdienstverweigerer, wie uns die Kollegin wieder einmal gekonnt beweist!«
»Was soll das? …«

94. »Sie sollten sich einmal reden hören!«
»Was soll das? …«

95. »Also, das ist mir persönlich völlig egal!«
»Was soll das? …«

Das »Bredemeier-Feedback«

Im Folgenden gehen wir von einer verschärften Ausgangslage aus: Das Gespräch oder die Diskussion ist an einem kritischen Siedepunkt angelangt. Entweder ist die Konfrontation anschließend vorbei, oder das Gespräch macht keinen Sinn mehr. Beenden Sie nun endgültig die Eskalation – und zwar nach Ihren Regeln.

Ihre angemessene Tertiär-Reaktion besteht im Betreten der *gesprächskontrollierenden Meta-Ebene.* Die Meta-Ebene bezeichnet die übergeordnete Gesprächsebene, bei der Sie die Sach- und emotionale Ebene verlassen und das Gesprächsverhalten sowie den Gesprächspartner selbst zum Thema machen. Geben Sie konsequent und professionell ein Feedback auf das Verhalten und den Gesprächspartner selbst, reflektieren Sie den Gesprächsverlauf.

Das traditionelle Feedback lebt von seinen Elementen: Was

nehme ich wahr? – Wie wirkt es auf mich? – Was wünsche ich mir? Dieses traditionelle Feedback lebt von weichen Ich-Botschaften, ist sanft-konfrontierend. Mein Tipp lautet: *Vergessen Sie es!*

Auf Ich-Botschaften setzt Ihnen ein kritischer und konfrontativer Gesprächspartner einen Deckel (»Das ist und bleibt Ihr Problem«); es verfestigt außerdem die negativen Punkte – ist also diesbezüglich kontraproduktiv.

Das neue »Bredemeier-Feedback« richtet sich an der Person gegenüber aus, es ist ein deutliches Aufzeigen des Konfliktes. Es ist klar, dass es uns schwerfällt, hier einen »Straight Talk«, eine direkt-konfrontative Aussage aufzubauen, aber unter bestimmten Bedingungen trotzdem notwendig:

- Die Ich-Botschaft wird in eine Du-Botschaft umgesetzt.
- Das alte Muster »Ich bin o. k., du bist o. k. – das Gespräch ist o. k.« hat nun seine Gültigkeit verloren.
- Das Gesprächsverhalten des Gegenübers ist nicht o. k. Also sagen Sie es ihm.

Ihr Gegenüber hat trotz Ihrer deeskalierenden Versuche sein provokatives und destruktives Verhalten nicht eingestellt; er hat sich bisher nicht auf das gemeinsame Thema konzentriert. Also wird es Zeit, die definitiven Grenzen zu setzen.

Ein Beispiel:
»Sie arbeiten mit völlig aus der Luft gegriffenen Unterstellungen und polemisieren massiv gegen unseren Lösungsansatz.

Ihr Gesprächsverhalten ist deshalb destruktiv und torpediert zusehends unser gemeinsames Gesprächsziel.

Lassen Sie es, bleiben Sie bitte sachlich beim Thema, ansonsten beende ich das Gespräch!«

Skrupel? Dann verpacken Sie es doch als »Wir-Botschaft« – es macht die Reaktion weicher.

Ein Beispiel:
»Wir verlieren uns leider immer wieder in gegenseitigen Vorwürfen und sinnlosen Anschuldigungen.

Damit verfehlen wir unser Gesprächsziel.

Bleiben wir doch bitte beim Thema.«

Eine Chance haben Sie nur dann mit den Wir-Botschaften, wenn der Gesprächspartner wirklich am Ergebnis des Gespräches interessiert ist.

Noch konsequenter ist das »Bredemeier-Feedback«, wenn die negativen Themen nicht aufgenommen werden, sondern der Gesprächspartner *konsequent zur positiven Gesprächsführung* motiviert werden soll. Dieser Ansatz ist komplett neu, deshalb bitte ich Sie zu beachten:

Es gibt keine Goldenen Kommunikationsregeln mit Gültigkeit in jeder Situation!

Mein neues Feedbacksystem kann also jederzeit ergänzt oder modifiziert werden, abhängig von Gesprächspartner,

Gesprächsverlauf und Gesprächsziel. Damit kann das neue »Bredemeier-Feedback« somit auch folgendermaßen lauten.

- Veränderung positiv formuliert ansprechen sowie
- die daraus resultierende Wirkung für den Gesprächspartner und den Gesprächsverlauf ableiten.

Ein Beispiel für das positive »Bredemeier-Feedback«:
»Bitte bleiben Sie im Interesse an einer konstruktiven Lösung beim Thema und bleiben Sie in der Gesprächsführung sachlich.

Nur so erreichen wir innerhalb des gesetzten Zeitrahmens eine überzeugende und für beide Seiten befriedigende Lösung!«

Diese Methode können Sie jedoch auch für »normale« Feedback-Prozesse verwenden, denn es dreht sich bei ihnen ja nicht vorrangig um Lösungen bei konfrontativen Situationen, sondern um die theamtische Fokussierung, wenn die anderen Diskussionsteilnehmer nicht dazu in der Lage sind: Sie legen mit einem qualifizierten Feedback und einem Aufzeigen einer einleuchtenden Alternative den weiteren Diskussionsverlauf fest.

Beispiele:

1. »Herr Maier, achten Sie auf einen ruhigen Stand bei der Präsentation, benutzen Sie die Standbein-Spielbein-Variante.
   Sie erhöhen damit die Wirkung Ihrer Präsentation.«
2. »Herr Müller, wiederholen Sie Ihre Kernbotschaft und setzen Sie dann eine Wirkungspause an.
   Sie unterstreichen damit Ihre Botschaft und verankern diese besser.«

Sollte Ihnen das allerdings zu schwer in der Umsetzung oder letztlich in der Formulierung zu hart klingen, dann bitte ich Sie um Modifikation, Sie können die alten Feedbackregeln gerne auch an das neue System adaptieren.

Modifizierte Beispiele (s. o.):
»Herr Maier, bitte fragen Sie sich einmal, ob ein ruhiger Stand bei der Präsentation, also die Standbein-Spielbein-Variante, grundsätzlich die Wirkung Ihrer Präsentation erhöht.«
»Herr Müller, Sie könnten beispielsweise Ihre Kernbotschaft wiederholen, dann setzen Sie eine gezielte Wirkungspause an, das Ergebnis liegt auf der Hand: Sie unterstreichen damit Ihre Botschaft und verankern diese besser.«

Übungen:
Bitte denken Sie sich drei erlebte oder erdachte Situationen, wo Sie auf die Eskalation mit dem »Bredemeier-Feedback« reagieren.

96. Situation 1 (bitte beschreiben):

____

____

Ihr »Bredemeier-Feedback«:

____

____

97. Situation 2 (bitte beschreiben):

____

____

Ihr »Bredemeier-Feedback«:

____

____

98. Situation 3 (bitte beschreiben):

____

____

Ihr »Bredemeier-Feedback«:

____

____

Tipp: Genug ist genug.
Es gibt Situationen, die eindeutig zu weit gehen, und dann müssen Sie professionell und konsequent eine Grenze setzen.

Die konstruktiven Schlagfertigkeitsmuster sind dafür ein Ansatz zur Konfliktbeilegung, sie ermöglichen eine Wiederaufnahme der positiven Gesprächsatmosphäre.

Verwenden Sie dazu die aufgezeigten Konfrontationsmuster der Eskalationskaskade:

- 3-T-Regel,
- die emotionale Gelbe Karte,
- Betreten der Meta-Ebene mittels »Bredemeier-Feedback«.

Weitere Schlagfertigkeitstechniken

Das Wortspiel

Angesprochene Ausladungen:
»Ihr Vortrag war ja richtig *flüssig* vorgetragen, Kompliment, da haben Sie wohl sehr lange üben müssen!«

»Sie haben Recht, mein Vortrag war sehr flüssig, aber Ihr Kommentar ist mehr als das, nämlich komplett *über*flüssig!«

Ausgesprochene Einladungen:
»Hallo, macht doch den Grill einmal *für die Kinder* frei!«

statt: »Macht doch einmal den Grill *für die Würstchen der Kinder* frei!«

Versprochene Abladungen:
»Sie können Ihr *Wort* nicht halten, Herr Bundeskanzler Kohl!«

»Doch, und ich kann sogar ganze *Reden* halten!« (Exkanzler H. Kohl)

»Dann kann ich Sie also nicht über*reden?!*«

»Nein, aber Sie hätten mich anfangs noch über*zeugen* können. Diese Chance haben Sie verpasst!«

Diese Methoden der Schlagfertigkeit durch lockere Wortspiele kennen wir alle am besten. Manchmal sind wir richtig gut drauf, dann strömen sie nur so aus uns heraus.

Und manchmal passieren sie uns wider Willen. Nämlich bei den leidigen Versprechern, den so genannten *Freud'schen Fehlleistungen*. Wortspiele lassen sich unterschiedlich gestalten:

- durch den *Austausch* von Worten, die sich ähneln,
- *durch Ersetzungen* in der Form, beispielsweise bei Anfangsbuchstaben oder auch innerhalb von Worten oder Wortbestandteilen (siehe erstes Beispiel auf den folgenden Seiten),
- mittels *Wort-* oder *Bildassoziationen,*
- mit *bewusster falscher oder fehlerhafter Betonung* oder *Vorwegnahmen* oder auch *bewusster Fehlinterpretation* (siehe zweites Beispiel auf den folgenden Seiten),
- durch mögliche *Vertauschungen* von Satzteilen oder Worten,
- als *Stilblüten* oder *Doppeldeutigkeiten* (»Ambiguitäten«),
- durch die *veränderte Reihenfolge* von Worten im Kontext,
- infolge von *Verwechslungen* ähnlich klingender Worte mit unterschiedlichen Bedeutungen,
- letztlich durch *sinnverändernde* oder *-entstellende Auslassungen* von Buchstaben oder ganzen Worten,
- oder versehentlich durch *Freud'sche Fehlleistungen,* womit nicht einfache Versprecher gemeint sind.

Wortspiele sind Haken, an die wir Gedanken oder Aussagen hängen, »Waffen, mit denen Wunden geschlagen werden können, die niemals verheilen« (Klaus Bölling), oder sie demonstrieren ganz einfach die Leichtigkeit der Sprache.

Im Entertainmentbereich sind Wortspiele sicherlich das stärkste Rauschmittel des zelebrierten Miteinander-im-Gespräch-Seins.

Die Zielsetzung dieser Methode, des Wortspiels, ist es nun, *bewußt* und *zielorientiert* – basierend auf genauem Zuhören! – solche Variationen von Aussagen zu produzieren, die wir allerdings als witzig-spritzige Schlagfertigkeiten deklarieren und die deshalb einen hohen Unterhaltungswert für das anwesende Publikum oder anwesende Dritte besitzen.

Im Gespräch zu zweit miteinander nennen wir das im Norddeutschen auch frotzeln – dazu gehören aber zwei kongeniale Partner, immer auf Kosten des einen Partners produziert es ein »Opfer«.

Wortspiele sind Schach des Geistes, fordern auf, in Bildern zu denken, mit Wort- oder Bildassoziationen zu spielen. Sie üben für uns einen magisch-magnetischen Reiz aus.

Zugleich sind wir es nicht gewohnt, sind wir doch im beruflichen Alltag auf dem so genannten »Restricted Code«, auf ernsthafte Sachargumentation fokussiert. Wortspiele hingegen leben vom »Elaborated Code«, einer blumigen Sprache.

Doch bitte denken Sie daran: Es handelt sich um reine Wortspiele, um witzig-spritzige Anmerkungen und Bemerkungen, die einen hohen Unterhaltungswert haben. Sie können der Scheiterhaufen für sachbezogene Gespräche sein und emotionale Tretminen für ernsthafte Gesprächspartner. So werden damit Sprachspiele in Gang gesetzt und häufiger ernst gemeinte Argumente oder Aussagen konterkariert, da sie die ernsthaften Dialogpartner nicht »abholen«, sondern die Sachebene konterkarieren – zugegeben, mit viel Spaß auf der Seite des Täters.

Beispiele:

»Sie verstehen wohl nur *Bahnhof*, Herr Müller?«

»Ich konstatiere jedenfalls, dass der *Zug* in Ihrem Teilprojekt abgefahren ist und Sie jetzt auf den fahrenden Zug unseres Teilprojektes aufspringen wollen!«

Hier handelt es sich um das Aufnehmen der Aussage und ihre Umsetzung in ein Bild: Bahnhof – abgefahrener Zug – Aufspringen auf einen fahrenden Zug.

»Ich kann das nicht *verstehen!*«

»Sorry, aber ich hätte Ihnen nur helfen können, wenn Sie mich nicht *hören*. Wenn Sie es nicht verstehen, ist das leider Ihr Problem.«

In diesem Fall wurden ähnliche Worte mit unterschiedlichen Bedeutungen verwendet, wobei die notwendige Interpretation ausgesetzt wird, stattdessen die Aussage wortwörtlich genommen wird.

»Frau Meier, Sie waschen ja *Ihr Auto auch einmal!*«

»Logisch, *wessen Auto* sollte ich denn sonst waschen … und mehr als einmal macht wenig Sinn!«

Unser Beispiel zeigt die Ersetzung, den Austausch von Worten sowie das Wortwörtlich-Nehmen.

»Ich werde einfach *immer älter!*«

»Genau, aber das ist ein natürlicher Prozess, aber dafür sehen Sie jedenfalls nicht *immer früher älter* aus!«

Hier wurde ein Wort hinzugesetzt, welches dann die Bedeutung der Aussage verändert.

Auch in der Werbung funktioniert es: Das allgemeine Motto »Der Klügere gibt nach!« wurde von der Werbung für die Dr.-Best-Zahnbürste werbewirksam und einprägsam umgewandelt in: »Die klügere Zahnbürste gibt nach!«

Auf den Punkt gebracht gilt deshalb: Vorsicht bei Wortspielen.

- Gemeinsames Lachen fördert den Kontakt,
- Gemeines Lachen fordert den Kontrakt.

Denken Sie daran.

Die Variationsmuster der Wortspiele

Wortspiele mittels Wortassoziation

Aufgrund einer beliebten amerikanischen Sendung namens »Dallas« formte der Entertainer Karl Dall daraus »Dall-As!« für seine Fernsehsendung. Auch die Werbung arbeitet gerne mit Wortassoziationen.

Übung

99. Bitte bilden Sie nun fünf eigene Beispiele:

Wortspiele mittels Bildgegensätzen

»Sie glauben, ein *Fels in der Brandung* zu sein?«

»Nein, Sie sind in der Konfrontation wie ein *Halm im Wind* oder gar gegenüber Vorgesetzten wie ein *Pfund Butter, das in der Sonne schmilzt!*«

»Sie glauben, hier Ihren *Standpunkt* zu vertreten?«

»Nein, das ist eine *geistige Bankrotterklärung!*«

Übung

100. Bitte bilden Sie nun drei eigene Beispiele:

Wortspiele mittels Wortassoziationsketten

»Kommen Sie aus Sachsen-Anhalt?«

»Nein!«

»Sind Sie denn per Anhalter hierhergekommen?«

»Wie kommen Sie denn darauf?!«

»Sie sehen so mitgenommen aus!«

Es handelt sich hier also um die Wortassoziationskette:

Sachsen-Anhalt – Anhalter – mitgenommen. Natürlich kann man das auch weiterspinnen:

»Ach, da wären Sie wohl drauf abgefahren?!«

»Gestatten Sie mir eine Zwischenfrage? Nein? Dann tuts auch ein Zwischenruf!«

Übung

101. Bitte bilden Sie nun drei eigene Beispiele:

Wortspiele mit dem Namen

Der Sozialdemokrat Herbert Wehner, für seine Schlagfertigkeit und spitze Zunge bekannt, bezeichnete den Fernsehmoderator Dieter Lueg (ausgesprochen: Lu-eg) als »Herr Lüg«, der Christdemokrat »Todenhöfer« wurde zu Herrn »Hodentöter«.

»Sie, Herr Vogel, entwickeln sich mit Ihren Vorschlägen immer stärker zu einem Spaßvogel!«

»Herr Geißler, Sie sind die achte Geißel der Menschheit!«

Übung

102. Bitte bilden Sie nun drei eigene Beispiele:

Wortspiele mittels bildhafter Assoziation

»Bei uns steht der Mitarbeiter im Mittelpunkt!«

»... und damit allen im Wege.«

»Was der Krupp in Essen, sind Sie leider im Trinken.«

Übung

103. Bitte bilden Sie nun drei eigene Beispiele:

Wortspiele mittels Transfer/Übertragung

»Sie sind *unkündbar?* Kein Wunder, dass Sie dann den *geistigen Vorruhestand* bereits ausleben!«

»Sie glauben, ein *Traummann* zu sein?«
»Nein, Sie sind ein *Trauma, Mann!*«

Übung

104. Bitte bilden Sie nun drei eigene Beispiele:

____

____

____

____

____

____

____

Wortspiele mittels Austausch von Worten

»Das ist *unmöglich* zu bewerkstelligen!«
»Nein, diese Geschwindigkeit in der Umsetzung ist für Sie nur unglaublich!«

»Das geht mir gegen den *Strich!*«
»Dann machen Sie doch einfach einen *Punkt!*«

Übung

105. Bitte bilden Sie nun drei eigene Beispiele:

Wortspiele mittels Austausch von Buchstaben oder Ergänzung von Buchstaben

»Habe ich Sie schon einmal *ent*täuscht?!«

»Nein, aber mehrfach *ge*täuscht über Ihre Absichten!«

»Euro? Nein *T*euro!«

Übung

106. Bitte bilden Sie nun drei eigene Beispiele:

Wortspiele mittels Austausch von Wortbestandteilen

»Ich spreche hier als U*n*fall-Experte!«

»Nein, lediglich im Ergebnis als U*m*fall-Experte!«

»Sie sind, bezogen auf Ihren Ehrgeiz, uner*sätt*lich!«

»Nein, uner*setz*lich im Interesse des Unternehmens!«

Übung

107. Bitte bilden Sie nun drei eigene Beispiele:

Wortspiele mittels Interpretation

»Sie führen sich auf wie die Axt im Walde!«

»Nur dann gelingt es, eine echte Deutsche Eiche wie Sie zu Fall zu bringen!«

Mit Blick auf die bekleckerte Krawatte: »Ich hatte ein unglaubliches Menü zu Mittag!«

»Schade nur, dass Sie so wenig davon in den Mund bekommen haben!«

Übung

108. Bitte bilden Sie nun drei eigene Beispiele:

Wortspiele mittels vorzeitiger Satzergänzung

»Und deshalb prophezeie ich Ihnen ...«

Zwischenruf: »... dass dieses Vorgehen in die Hose geht!«

» Wer im Glashaus sitzt ...

Zwischenruf: »... der hat immer frische Scherben!«

oder »... ist immer besonders vorsichtig!«

Übung

109. Bitte bilden Sie nun drei eigene Beispiele:

Wortspiele mittels Austausch der Wortfolge

»Es mangelt hier in der Runde an *nötiger Entschlossenheit!*«

»Dafür weisen Sie allerdings *entschlossene Nötigung* aus!«

»Wir sollten die Sache *richtig anpacken!*«

»Besser wäre es, die *richtigen* Sachen *anzupacken!*«

Übung

110. Bitte bilden Sie nun drei eigene Beispiele:

Wortspiele durch bewusstes Falschverstehen

»Das geht in die Hose!«

»Warum geht das mich an als Mimose?!«

»Das wird ein Fest!«

»Nein, leider nur eine große Bescherung!«

Übung

111. Bitte bilden Sie nun drei eigene Beispiele:

Wortspiele durch Sprachbilder

»Wir verfallen doch hier jetzt nicht in den Kampf der Geschlechter?!«

»Doch, denn da gibt es keine Kriegsdienstverweigerer!«

»Er sagte jedenfalls, er hätte 700 Leute unter sich!«

»Stimmt, aber nur sonntags, wenn er über den Friedhof schlendert!«

Übung

112. Bitte bilden Sie nun drei eigene Beispiele:

Wortspiele durch die Veränderung von (fremdsprachigen) Zitaten

»Wer zu spät kommt, den bestraft das Leben!«

»Nein, im Einzelhandel gilt: Wer zu spät kommt, den bestrafen die Läden!«

»Timeo danaos et dona ferentes!« (Ich fürchte die Danaer, auch wenn sie Geschenke bringen),

wird zu: »Timeo Journalistes et dona ferentes!«

Übung

113. Bitte bilden Sie nun drei eigene Beispiele:

Ambiguitäten (Doppeldeutigkeiten)
Ihre Schlagfertigkeit mittels Wortspielereien können Sie auch steigern, wenn Sie mögliche Ambiguitäten (Doppeldeutigkeiten) von Worten bewusst einsetzen. Eigentlich ist da eine Aussage wortwörtlich zu verstehen, aber ein Sprachspiel demonstriert sie erst im übertragenen Sinn.

Übung

114. Ergänzen Sie bitte die folgenden Aussagen:
Mögliche Antworten finden Sie im Anhang.

Aus Spaß wurde Ernst ______

Typisch Radfahrer: ______

Er ist einfach zum Schießen, ______

Ihre Sommersprossen sind ______

Ihre Mitarbeiter sind nicht Mittelpunkt, ______

Im Krieg der Geschlechter hat es bislang ______

Der Kollege »macht in Platten« – er ist ______

Der bekannte Radio-Moderator ist ______

Der Finanzminister Eichel geht ______

In seiner Gemeinde hütet der Pfarrer ______

Der Anstreicher sieht in diesem Fall ______

Der Starkoch gibt ______

Traurig, aber wahr: Dem Uhrmacher schlägt ______

Der Schauspieler tritt __________

Um höher zu kommen, geht so mancher __________

Übung

115. Bitte finden Sie jetzt zehn weitere Beispiele:

Der Übungszweck besteht darin, dass wir unsere aktive Sprachgestaltung formieren. Sie werden feststellen, dass Ihnen am Anfang vielleicht diese Übung schwerfällt, Sie aber nach gewisser Zeit das Ganze nur noch als Zeitvertreib betrachten.

Der Automechaniker hat ein Rad ab!

Übung

116. Zeigen Sie Schlagfertigkeit mit Ambiguitäten (Doppeldeutigkeiten)

»Sie verstehen wohl nur Bahnhof?!«

Antwortmöglichkeiten:

»In Ihrem Fall bleibt die Schranke unten!«
»Diese Entgleisung können Sie sich sparen, es reicht, wenn Ihnen bei meinen Ideen die Gesichtszüge entgleisen!«
»Vorher müssten Sie allerdings noch ein paar Kohlen nachlegen!«
»Sie erinnern an die Deutsche Bahn, Sie kommen zwar mit Ihren Vorschlägen, nur nicht rechtzeitig, sondern in der Regel zu spät!«

Geben Sie drei weitere Beispiele!

Übung

117. Assoziieren Sie jetzt bitte zum Themenfeld »Flugplatz«:

Beispiele:
Der ist total abgehoben …
Das war eine Bruchlandung.

____

____

Übung

118. Assoziieren Sie bitte zum Themenfeld »Jagd«:

Beispiele:
Er hat den Vogel abgeschossen …
Er macht auf Platzhirsch!

____

____

Schlag-Fertigkeiten

Nachfolgend sind Ihnen Fragen oder Aussagen vorgegeben, die mittels Wortspielereien locker repliziert werden können. Dabei kommen alle Wortspiel-Muster, die bereits vorgestellt wurden, in unterschiedlicher Reihenfolge zum Tragen.

In diesem Übungsteil erarbeiten Sie sich Schlagfertigkeitsmuster, die auf ähnliche Angriffe oder Übergriffe übertragbar sind. Verlassen Sie also die rationale Schiene, geben Sie eine lockere, witzige und schlagfertige Bemerkung.

Alle typischen oder witzigen Schlagfertigkeitsmuster sind repräsentativ enthalten, Sie legen sich damit also »Verbalmuster« an. Diese Übung schult Ihren Situationswitz und zugleich die wortspielerische Schlagfertigkeit.

Alle Angriffe und verbalen Übergriffe sind aus ihrem Kontext/der Situation befreit, *schlagfertigen* Sie einfach drauflos!

Wichtiger Hinweis:
Fallen Ihnen die Antwort noch schwer, dann übersetzen Sie die Aussagen in Bilder, stellen Sie sich die Situation vor.
Lieber etwas länger über einer Antwort gebrütet, als allzu früh aufgegeben. Schlagfertigkeitsmuster müssen und können Sie wie eine Grammatik erlernen. Bitte notieren Sie Ihre Antworten in ein Heft oder auf einen Block, oder kopieren Sie sich die Übungen aus dem Buch, dann können Sie die Übung mit zeitlichem Abstand wiederholen.
Notieren Sie sich die Zeiten, die Sie für die Übungen brauchen, dann stehen Sie unter Wettbewerbsdruck!

Übung

119. Seien Sie schlagfertig!
Mögliche Antworten finden Sie im Anhang.

a) Die Macher im New Business: jung, dynamisch und …

____

b) »Sie sind immer der Erste, der geht!«

____

c) »Sie wirken wie eine Marionette des Vorstandes!«
»Stimmt,

____

d) »Sie wirken wie eine Flasche abgestandener Milch: nämlich …

____

e) »Ihre Idee wirkt auf mich unausgegoren!«

____

f) Vorwurf während Ihres Vortrages: »Es gibt da noch offene Fragen …«

____

g) »Wissen Sie überhaupt, was eine Daten-Autobahn ist?«
»Ja, …

____

»Ja, …

____

h) »Das verstehe ich nicht!«

____

i) »Sie tragen ja Kontaktlinsen!«
»Stimmt, …

»Klar, …

»Stimmt, …

j) »Sie bekommen ein hohes Gehalt, jetzt wird es einmal Zeit, …

k) »Kompliment Maier, Sie haben ja Ihre Hausaufgaben gemacht!«

Oder:

l) »Sie machen mich noch fertig!«

m) »Einen solchen Abgang hat keiner verdient!«

n) »Wir sitzen doch alle im gleichen Boot …«

o) »Viele Frauen würden mit mir gerne eine Nacht verbringen!«
»Ja, …

____

oder: »Ja, ja, …

____

oder:

____

p) »Sie sehen in Ihrem Hosenanzug ja fast aus wie ein Mann, Frau Maier!«

____

q) »Wir müssen das Rad nicht jedes Mal neu erfinden!«

____

Wie immer gibt es bei der Schlagfertigkeit mehrere mögliche Antworten. Weitere Replikationsmöglichkeiten finden Sie im Anhang.

Der verbale Bumerang – Die Kontertechnik Nummer eins

»Blödmann!« – »Tut mir leid für Sie!«

»Weichei!« – »Angenehm, Bredemeier, Karsten Bredemeier!«

»Wie kann man so blöd sein?!« – »Das müssen Sie mit sich selbst klären, aber die erste Stufe der Selbsterkenntnis weisen Sie bereits aus!«

»Idiot!« – »Schön, dass Sie Ihre wahre Persönlichkeit einmal für alle enthüllen!«

Diese einfache situative Schlagfertigkeitstechnik beruht darauf, dass Sie die Bemerkung Ihres Gegenübers aufgreifen können, weil Sie gut zugehört haben. Viele verbale Angriffe sind nämlich nicht sauber adressiert und bieten Ihnen deshalb eine einfache Kontermöglichkeit. Der Gesprächspartner versäumt es, den Sack, wie wir in Norddeutschland sagen, zuzumachen. Hier setzt also Ihr Konter an: mit dem *Bumerang*.

Der Ansatz dieser Technik ist deshalb so einfach, weil der provokative Zuruf oder die Verbalattacke zwar auf Sie abzielt, durch ungenaue Adressierung auch anders verwertbar ist. Vor allem empfiehlt sich diese Technik dann, wenn Sie Ihren Gesprächspartner in seiner Emotion auf seinem Vorwurf schachmatt setzen wollen.

Ähnlich wie die Postsendung, die keinen Adressaten, aber einen Absender aufweist, an denselben zurückgeht, lassen Sie die Bemerkung wie einen Bumerang zum Gegenüber zurückkehren!

Der Bumerang macht den Täter zum Opfer!

Die folgende Übungsserie hilft Ihnen, die Bumerang-Technik zu verbessern. Zu jedem Typus dieser Technik gibt es selbstverständlich auch hier mehrere mögliche (»richtige«) Antworten. Es wird Ihnen jeweils ein Beispiel vorgegeben, an dem Sie sich orientieren können, und Sie sind aufgefordert, sich jeweils die Beleidigung und die entsprechende Replik auszudenken. Sie können auch auf den »Blödmann« andere als die Beispiel-Antworten geben.

Bumerang mittels Neuadressierung
Im Folgenden adressieren Sie den Aussagenden:

»Blödmann!« – »Ja, *Ihre Selbstaussage* trifft auf Sie zu!«

Übung
120. Bitte bilden Sie nun zwei eigene Beispiele:

____

____

____

____

____

Bumerang mittels Weiteradressierung an einen Unbeteiligten (!)
Hier missverstehen Sie die Adressierung und leiten es scheinbar an den Falschen weiter. Es erwächst Erklärungs- und Rechtfertigungsdruck!

»Blödmann!« – »Ich finde es schade, dass Sie Herrn Müller hier zu Unrecht so beschimpfen ...«

Übung

121. Bitte bilden Sie nun zwei eigene Beispiele:

Bumerang mittels Rechtgeben/Attestat

Hier benennen Sie den Absender als Adressaten und geben ihm Recht.

»Blödmann!« – »Ja, *das sind Sie.* Ich hätte es allerdings für mich behalten!«

122. Bitte bilden Sie nun zwei eigene Beispiele:

Bumerang mittels negativer Abgrenzung

Hier grenzen Sie sich bei der nicht adressierten Aussage negativ gegen den Aussagenden ab. Am besten ergänzen Sie das mit einer positiven Aussage!

»Blödmann!«

»Ein Blödmann bin ich *im Gegensatz zu Ihnen nicht!* Ich bin der Fachmann für dieses Thema.«

123. Bitte bilden Sie nun zwei eigene Beispiele:

Bumerang mittels Therapeutentechnik

Hier spielen Sie den Hobbytherapeuten:

»Blödmann!«

»Nun, die *Selbsterkenntnis haben Sie – arbeiten Sie das nun therapeutisch auf* oder wünschen Sie sich von uns therapeutischen Rat?!«

124. Bitte bilden Sie nun zwei eigene Beispiele:

____

____

____

____

____

____

Bumerangtechnik mittels adressierender, konternder und bewertender Gegenfrage

Hier adressieren Sie zurück, bewerten und erhöhen das mit einer vertiefenden Gegenfrage.

»Blödmann!«

»Ist das ein *Aufschrei Ihrer erkennenden situativen Hilflosigkeit?«*

125. Bitte bilden Sie nun zwei eigene Beispiele:

Vertiefung – Stopp

Bitte schließen Sie nun die Augen und wiederholen diese sechs Strategien der Bumerang-Technik nochmals mit Ihren eigenen Worten.

Bilden Sie vor Ihrem geistigen Auge noch ein oder zwei passende Situationen ab, an denen Sie diese Strategie durchspielen.

Mit dieser Übung »verankern« Sie die jeweilige Strategie oder Technik bereits im Unterbewusstsein.

Na, wissen Sie es noch? Es waren sechs unterschiedliche Ansätze der Bumerang-Technik, bitte wiederholen Sie diese!

Technik 1:

Technik 2:

Technik 3: ______________________________

____

Technik 4: ______________________________

____

Technik 5: ______________________________

____

Technik 6: ______________________________

____

Die Leerlauftechnik

»Haben Sie übrigens schon Seepferdchen, oder zelebrieren Sie das Turmspringen nur mittels Schwimmring?! Versuchen Sie es doch einmal mit der Kinderrutsche.«
»Ich habe das Seepferdchen und könnte selbst eine Seekuh wie Sie retten!«

»Wenn Sie mein Mann wären, würde ich Ihnen Gift geben!«
»Wenn Sie meine Frau wären, würde ich es nehmen!«

»... Sie sind ja total betrunken!!!«

»Stimmt, morgen bin ich nüchtern, doch Sie bleiben hässlich!« (Lady Ashley, Sir Winston Churchill – ein Schlagabtausch, der unter die Gürtellinie ging.)

Die »Leerlauf-Technik« baut darauf auf, dass Sie angegriffen wurden und sich weder genötigt sehen noch willens sind, sich zu entschuldigen. Hier sagt also der Bauch: »Lass es nicht einfach stehen!«

Wiederum gilt es, situativ zu entscheiden, ob Ihnen jemand auf die Füße tritt – was nicht weiter schlimm ist, und ob Sie sich zu Unrecht auf die Füße getreten fühlen, was in den skizzierten Situationen schlimm wäre.

Die einfache, aber untergriffige Technik lebt davon, die aufgedrängte Rechtfertigung abzufertigen und selbst in die Offensive zu gehen. Es ist ein offener Schlagabtausch, allerdings bedeutet das »In-die-Offensive-Gehen« zugleich ein Eingeständnis, ein Annehmen des Vorwurfs.

Doch Vorsicht: Diese Leerlauf-Technik hat den Vorteil, dass Sie einfach aus der beliebigen Situation heraus, je nach Fragestellung, mittels direkter Zustimmung oder Negation reagieren können, dabei aber auf eine Verteidigung oder Entschuldigung verzichten und den Vorwurf stehen lassen wollen.

Der Nachteil liegt auf der geöffneten und zu schließenden Hand. Sie eröffnen eventuell eine weitere situative Spielwiese für ein weiteres, eskalierendes und böses Wortgefecht. Dieses lässt sich im Beispiel natürlich leicht verhindern, indem

Sie retournieren, sich abwenden und den direkten Blickkontakt sofort aufgeben.

Leerlauftechnik mittels Akzeptanz
Dabei akzeptieren Sie den Vorwurf und setzen verbal einen »drauf«.

»Wenn Sie mit mir verheiratet wären, dann würde ich mir einen Strick nehmen!«

»Keine Sorge, den würde ich Ihnen reichen, um Sie endlich loszuwerden!«

»Sie beherrschen die Kunst, sich viele Pointen zu merken, und vergessen, woher diese eigentlich stammen!«

»Klar, das nennt man gelungene Konversation!«

Leerlauftechnik mittels Wortspiel
Dabei setzen Sie die gelernten Wortspielmuster ein.

»Sie sind ein Riesen-Arschloch!«

»Das müssen Sie anders betonen: ›Sie sind ein Riese‹, sagt das Arschloch.«

»Als Konservativer sind Sie die Bremsspur, das Pausenzeichen der Geschichte!«

»Ich setze Zeichen in der Geschichte, genau das trifft es.«

Leerlauftechnik mittels Konter bei Akzeptanz
Hier kontern Sie und akzeptieren den Vorwurf.

»Mit Ihnen verheiratet zu sein, das wäre das Letzte!«
»Stimmt, davor würden wir die wilde Ehe aber so richtig genießen!«

»Warum akzeptieren Sie kein Lob?!«
»Das sehen Sie falsch, ich warte auf die Wiederholung und genieße es, zweimal zu Recht gelobt zu werden!«

Leerlauftechnik mittels Transfer
Dabei übertragen Sie oder ergänzen den Vorwurf.

»Typisch Frau!«
»Messerscharf erkannt – und das als Mann!«

»Hahaha, weibliche Logik!«
»Genau Logik!«

Übungen zur Bumerang- und Leerlauftechnik

Nachfolgend sind Ihnen Fragen oder Aussagen vorgegeben, die mit schlagfertigen Mustern locker zu beantworten sind. Dabei kommen alle Muster der Bumerangtechnik oder Leerlauftechnik, die bereits vorgestellt worden sind, zum Tragen. In diesem Übungsteil erarbeiten Sie sich Schlagfertigkeitsmuster, die auf ähnliche Angriffe oder Übergriffe übertragbar sind. Verlassen Sie die rationale Schiene, geben Sie eine lockere, witzige und schlagfertige Bemerkung ab. Rätseln Sie bitte auch nicht laufend darüber nach: »War das nun Bumerang- oder Leerlauftechnik?« Wichtig ist, dass Sie – wie man im Tennis sagt – laufend den Ball zurückgeben.

In den folgenden Übungen sind alle typischen oder witzigen Schlagfertigkeitsmuster repräsentativ enthalten; Sie legen sich damit also »Verbalmuster« an, auf die Sie dank der Übungen zurückgreifen können. Diese Übungen schulen Ihren Situationswitz und zugleich die Schlagfertigkeit.

Alle Angriffe und verbalen Übergriffe sind aus ihrem Kontext/der Situation befreit, schlagfertigen Sie einfach drauflos!

Wichtiger Hinweis:
Fallen Ihnen die Antworten noch schwer, dann übersetzen Sie die Aussagen in Bilder, stellen Sie sich die Situation vor.

Lieber etwas länger über der Antwort gebrütet als allzu früh aufgegeben. Schlagfertigkeitsmuster müssen und können Sie wie eine Grammatik erlernen.

Bitte notieren Sie Ihre Antworten in ein Heft oder auf einen Block, oder kopieren Sie sich die Übungen aus dem Buch, dann können Sie die Übung mit zeitlichem Abstand wiederholen.

Notieren Sie sich die Zeiten, die Sie für die Übungen brauchen, dann stehen Sie unter Wettbewerbsdruck!

Ihre Übungsalternative:
Sollten Sie sich dem Thema Schlagfertigkeit erst annähern und die einzelnen Übungen machen wollen, ohne jeweils die Hinführungen erarbeitet zu haben, so ist das natürlich auch möglich.

In diesem Fall überlegen Sie bitte, ob es sinnvoll für Sie ist, zunächst einmal die Antworten und Repliken durchzugehen und dann erst den Text aufzugreifen.

126. Bitte bilden Sie zu jedem Vorwurf zwei Antwortalternativen! Mögliche Antworten finden Sie im Anhang.

a) Vorwurf: »Das ist höhere Mathematik! Das kapieren Sie nie!«
Ihre Antworten:

b) Vorwurf: »Ich akzeptiere dieses nur mit Vorbehalt, ich habe und behalte meine eigene Meinung!«
Ihre Antworten:

c) Vorwurf: »Sie befinden sich in der Minderheit!«
Ihre Antworten:

d) Vorwurf: »Da gehen Sie ein immenses Risiko ein!«
Ihre Antworten:

e) Vorwurf: »Jetzt retten Sie sich wieder mit Schlagfertigkeit!«
Ihre Antworten:

____

____

Schlagfertigkeitsansatz »Verbaler Deckel«

In meinem Buch »Nie wieder sprachlos« hatte ich bereits darauf hingewiesen, dass das Wort »Glück« sich von der altdeutschen Wortbildung »ge-lücke« ableitet, womit in früher Vorzeit ein Topf bezeichnet wurde, zu dem der darauf passende Deckel gefunden wurde oder hergestellt war. Nutzen wir diese Metapher also auch für die Schlagfertigkeit.

Diese Technik setzt also konsequent dort an, um einem miesen Spruch, einer noch so verbalen Aggression oder einem unprofessionell beginnenden Wortgefecht möglichst schnell – aus Ihrer Sicht des Angesprochenen – einen einfachen, passenden, geeigneten Deckel aufzusetzen ... und das Scharmützel sang- und klanglos zu beenden.

Für die »Verbaler Deckel«-Methode bieten sich verschiedene Varianten an, die letzlich das Wortgefecht beenden und nicht unbedingt das weitere Gespräch fördern.

Es bieten sich vor allem die »dummen« Fragen für diese Technik an, die das Gegenüber stellt und die damit zur verbalen Breitseite einladen! Dumme Fragen sind jene Fragen, bei denen der »Angreifer« von Anfang an wissen könnte, wie die Antwort lauten wird, aber er ruft sie trotzdem ab. Mit dummen Fragen gibt Ihr Gegenüber die Gesprächsführung ab und manövriert sich in eine geistige Sackgasse.

Vergessen Sie also die Aussage, dass es keine dummen Fragen, sondern nur dumme Antworten gibt. Es gibt jede Menge dummer Fragen ... und die passenden Antworten dazu!

»Sie halten mich wohl für absolut blöd?!«
Antwort : »Nnnn-jaa!«

»Sie vermitteln mir die Ansicht, ich wäre inkompetent!?«
Antwort: »Nnnjaaa, Sie sind es!«

»Kind, willst du nicht doch lieber eine warme Jacke anziehen?«
Die Siebenjährige: »Nein!«

Warum ist das in puncto Schlagfertigkeit eine wirklich, wirklich dumme Frage? Weil derjenige, der diese blöde (sorry!) Frage aufwirft, im Gesprächsverlauf einen fatalen, aber richtigen Eindruck gewonnen hat und nun eine Frage stellt, deren Antwort er mit sehr hoher Wahrscheinlichkeit erahnen kann, die er in aller Konsequenz nicht hören möchte, aber trotzdem abruft.

Dumme Fragen sind alle Gegenfragen wie in den oben aufgezeigten Beispielen, die eine eigene klare Positionierung verhindern und dann unnötigerweise eine Gegenposition abrufen. Dumme Gegenfragen sind beispielsweise auch

- untergriffigen Negativaussagen zur Person,
- demonstrative Negativaussagen zum Unternehmen oder
- Negativaussagen zu Ihrem Kompetenzfeld.

Beispiele:

»Sie sind ungeeignet für Ihren Job als Projektleiter!«

»Wie kommen Sie zu dieser überraschenden Einsicht?«

»Ihr scheinbar erfolgreiches Unternehmen hat ein nachhaltig schlechtes Image.«

»Wie kommen Sie zu dieser für mich überraschenden Auffassung?«

»Sie machen aufgrund Ihrer Performance nicht den Eindruck, dass Sie dieser wichtigen Aufgabe gewachsen sind.«

»Woran machen Sie dieses fest?«

Die hilflos wirkende, weil nicht professionelle Gegenfrage provoziert zwangsläufig jeweils eine absolute verbale Breitseite, mit der der Erstredner seine Meinung noch einmal pointiert verschärft. Wollte man das wirklich hören?

Wenn die Antwort dann im ersten Beispiel lautet: »Erstens zeigen Sie es leider und überflüssigerweise immer wieder, zweitens beweist es dieses nicht ergebnisorientierte überflüssige Gespräch, und drittens unterstreicht es Ihre wirklich dämliche Frage!«, ist die Erklärungsnot beim Gegenüber besonders groß. Der daraus resultierende Rechtfertigungsdruck wächst weiter ins Unermessliche ...

Langer Rede kurzer Sinn: Der Replikant hat mit seiner Frage diese verbale Breitseite geradezu provoziert. Besser ist es, diesen Typus von Bemerkung sofort zu unterbinden. Ihr Gegenüber steht dann vor der Frage, ob es die Auseinandersetzung eskalieren lassen will oder nicht. Normalerweise lässt es die Finger davon. Deshalb spricht in solch einer Situation vieles für den »verbalen Deckel«:

»Versteh ich nicht!«
 »Macht nichts!«

»Ich komme mir langsam blöd vor ...!«
 »Zu Recht aber auch!«

»Sie halten mich wohl für blöd!«
 »Genau!«

»Da könnte ich in die Luft gehen!«
 »Das ist Ihr Problem!«

Mit ein bisschen Frechheit ist diese Technik die einfachste bei bestimmten Untergriffen. Aber bedenken Sie auch: Es ist Schlagfertigkeit, aber keineswegs konstruktiv.

Ein Katalog »böser« verbaler Deckel
Für viele Angriffe, Spitzen und Übergriffe gibt es einen Katalog »böser« verbaler Deckel, die letztlich Ihr Gegenüber ausbremsen. Diese verbalen Deckel haben den Vorteil, dass sie den Gesprächspartner von oben herab »bestrafen« oder ihn verbal »abstrafen«. Sie können zu einem Nachteil führen, weil sie sich weder inhaltlich noch emotional auf die Vorwürfe beziehen. Sie werden aber künftig dumme Fragen unterbinden.

Verbale Deckel können auf alle Aussagen gesetzt werden, wie der passende Deckel auf einen Topf!

Einige Muster:

- »Diese Aussage disqualifiziert Sie als Gesprächspartner!«
- »Wenn Sie sich selbst einmal zuhören, dann wäre Ihnen diese Aussage peinlich!«
- »Haben Sie noch weitere Wahrnehmungsaussetzer?!«
- »Ich habe gedacht, dass Sie über diesem Kindergartengeschwätz stehen, schade!«
- »Sie geben einfach nur eine peinliche Vorstellung ab!«
- »Mensch ..., Sie führen sich einfach blöd auf.«
- »Sollten Sie Ihre Verbal-Onanie nicht einmal therapeutisch hinterfragen?!«
- »Ihre Schlagfertigkeit ist eine gefährliche, weil psychopathische Form des verbalen Schwachsinns!«
- »Sie sind und bleiben ein Synonym für personifizierte Unfähigkeit!«
- »Das, mein Lieber, ist eine verbale Bankrotterklärung, die Sie gerade abgeben!«
- »Ach, ich stelle fest: Sie bauen gerade Ihr verbales Mausoleum!«
- »... das ist also das Ergebnis, wenn der gesunde Menschenverstand sich gerade verabschiedet hat!«
- »Sie beherrschen die Kunst, das Reifezeugnis zu dementieren!«
- »Dumme Sprüche: die letzte Domäne der geistig Unterprivilegierten!«
- »Sie produzieren gerade eine geistige Insolvenzerklärung, reichen Sie es doch schriftlich ein!«

- »Ein Zwischenruf, der die weiße Flagge der Kapitulation aufzeigt!«
- »Ihre Aussagen sind geistige Brandstiftung und Schrei nach der Feuerwehr zugleich!«
- »Sie sind ein geistiges Löschblatt: Nehmen alles auf und geben es verkehrt wieder!«
- »Schon gut, ich habe Sie bemerkt!«

Übung

127. Bitte ergänzen Sie diesen »bösen« Katalog mit einigen weiteren Mustern:

____

____

____

____

Schlagfertigkeit »ohne Worte« – Nonverbale oder paraverbale Signale

Schlagfertigkeit setzen wir leider nur im Normalfall als verbale Reaktion und Aktion an. Doch ein weiterer Kommunikationsbereich bleibt meist ausgespart, die non- und paraverbalen Signale, die eine »andere Sprache« sprechen.

Nonverbale Kommunikationssignale sind solche der Gestik oder Mimik, *paraverbale Signale* sind uns bekannt als sprechbegleitende Geräusche. Beide Signaltechniken paraphrasieren zugleich in verstärktem Maße die Emotion oder kanalisieren kalkulierte Kälte, besser bekannt unter dem weiteren Begriff Rationalität.

Mittels dieser Technik setzen Sie anstatt mit verbalen Mitteln schlagfertige Akzente durch *nonverbale oder paraverbale Signale.*

Normalerweise reagieren wir auf Wortgefechte, Übergriffe, Attacken, verbale Streiche oder untergriffige Wortattacken mit einer möglichst subtilen Aussage, einer überlegenen Replik, einer möglichst professionellen Erwiderung. Das machen wir aber auf verbaler Ebene.

Nicht so bei dieser Technik. Hier agieren Sie anders, nämlich mit einer erweiterten Kommunikationsebene, umfassender und einfach – anders. Und zwar

- mittels »sozialer Geräusche«,
- mittels Gestik, Mimik oder auch
- mit paraverbalen und nonverbalen Signalen in der Kombination mit Worten.

Bekannt sind uns beispielsweise

- das kindliche Verhaltensmuster, eine Hand mit ausgestrecktem Zeigefinger wie eine Pistole auf den anderen zu richten: »Peng!«,
- der Fußballtrainer, der bei einer Entscheidung des Schiedsrichters ungehalten abwinkt,
- der »Effenberg-Finger«, der ausgestreckte Mittelfinger, der symbolisiert: »Du kannst mich mal so richtig ... gernhaben!« (Er hat seinen Namen nach dem deutschen Na-

tionalspieler Effenberg bekommen, der während einer Diskussion einmal so auf eine Frage reagierte),

- die vom Fußball-Profi dem Publikum entgegengestreckte blanke Kehrseite,
- »die ausgestreckte Zunge«, gleichsam Sinnbild für Albert Einstein, der sich so über den Dingen erhaben gezeigt hat.

Es wirkt: Die nonverbale Gestik oder Mimik und begleitende Geräusche – in der Kombination gemeinsam oder jeweils für sich als alleiniges Signal, mit Worten kommentiert oder auch ohne Worte – kennen wir in diesen oder anderen Variationen zur Genüge, aus eigener Erfahrung oder aus simpler Beobachtung, beispielsweise:

- die lockere südländische Handbewegung,
- enervierendes Kopfschütteln mit entsprechender Mimik und Augen an den Himmel gerichtet (Gott, wie peinlich!),
- lockeres Feixen (Ätschi-Bätschi),
- konzentriertes Augenbrauen hochziehen (Vorsicht – so nicht!),
- die ausgestreckte Zunge (Ätsch – erwischt),
- Naserümpfen als Empfinden des Ekels (igitt),
- abwertende, gelassene Handbewegung (Was solls/Vergiss es!),
- offene Hände, Handoberfläche nach oben (Nichts zu ändern/Was solls?),
- »Tsss?!«, mit kombiniertem/despektierlichem Kopfschütteln (Wie können Sie nur?).

Diese *Kommunikationssignale,* also paraverbale oder nonverbale Zeichen, geben so genannte »ritualisierte Signale«, die für das Gegenüber einfach zu entschlüsseln sind, da sie quasi als genormt gelten können und somit keiner verbalen Präzisierung bedürfen. Jemandem, dem wir die Zunge herausstrecken, der weiß, was wir für ihn empfinden. All diese Signale sprechen für sich.

Aber gerade sie sind es, die als Mittel der situativen Schlagfertigkeit ihren anderen Einsatz und Zuspruch finden.

- ⇨ Klatschen Sie einfach einmal, wenn Ihr Gegenüber einen dummen Spruch über Emanzen macht – aber retardiert, verlangsamt.
- ⇨ Zielen Sie wie mit einer aus Fingern geformten Pistole auf ihn und sagen Sie dazu: »Peng!«
- ⇨ Reagieren Sie überraschenderweise mal mit »WOW!«.
- ⇨ Pressen Sie den gereckten Daumen sowie Zeige- und Mittelfinger aneinander und formen Sie mit den Lippen zugleich einen Schmatz. Dieses Küsschen nervt jeden.

Zugegeben: Der Symbolcharakter aller dieser paraverbalen/nonverbalen, teils kommentierten oder unkommentierten Zeichen und Signale ist eindeutig: »Sie und Ihre Aussage lassen mich echt kalt!« Bitte schön.

Übung

128. Bitte schließen Sie die Augen und wiederholen diese nonverbale oder paraverbale Signal-Technik nochmals mit Ihren eigenen Worten.

Bilden Sie sich vor dem geistigen Auge noch ein oder zwei passende Situationen ab, wo Sie diese Technik durchspielen können.

Schlagfertigkeit und Situationswitz schnell trainiert …

Eine Trainingsserie

Nachfolgend sind Ihnen Fragen oder Aussagen vorgegeben, die mittels Schlagfertigkeit/Scharfsinn locker beantwortet werden können. Verlassen Sie die rationale Schiene, geben Sie eine lockere, witzige und schlagfertige Bemerkung ab.

Zugleich sind alle typischen oder witzigen Schlagfertigkeitsmuster repräsentativ enthalten, Sie legen sich damit also »Verbalmuster« an. Diese Übung schult Ihren Situationswitz und zugleich die Schlagfertigkeit.

Wichtiger Hinweis:
Fallen Ihnen die Antworten noch schwer, dann übersetzen Sie die Aussagen in Bilder, stellen Sie sich die Situation vor.

Lieber etwas länger über der Antwort gebrütet, als allzu früh aufgegeben. Schlagfertigkeitsmuster müssen und können Sie wie eine Grammatik erlernen.

Bitte notieren Sie Ihre Antworten in ein Heft oder auf einen Block, oder kopieren Sie sich die Übungen aus dem Buch, dann können Sie die Übung mit zeitlichem Abstand wiederholen.

Notieren Sie sich die Zeiten, die Sie für die Übungen brauchen, dann stehen Sie unter Wettbewerbsdruck!

Die ersten Beispiele sind nochmals mit Techniken verifiziert.

Ihre Übungsalternative:
Sollten Sie sich dem Thema Schlagfertigkeit erst annähern und die einzelnen Übungen machen wollen, ohne jeweils die Hinführungen erarbeitet zu haben, so ist das natürlich auch möglich.

In diesem Fall überlegen Sie bitte, ob es sinnvoll für Sie ist, zunächst einmal die Antworten und Repliken im Anhang durchzugehen und dann erst den Text aufzugreifen.

Übungen

Mögliche Antworten finden Sie im Anhang.

129. Pöbelt aus einer Bierlaune heraus ein dunkel gelockter Mann Sie an (Sie haben eine Glatze): »Na, Ihnen sind ja auch im jugendlichen Alter die Haare ausgegangen!«

     Antwort 1: ______

     Antwort 2: ______

130. Im Betriebsmeeting: »Ach kommen Sie, lassen Sie es doch dabei. Schließlich gibt der Klügere nach!«

     Antwort 1: ______

     Antwort 2: ______

131. Ein Bewerber meldet sich telefonisch zum x-ten Male bei Ihnen: »Bitte bestätigen Sie mir umgehend die Annahme meiner Bewerbung, ich habe nämlich noch wirklich interessante Eisen im Feuer am Schmieden!«
     Eine wirkliche böse Antwort wäre (Austausch von Zuordnungen): ______

132. Sagt der stolze Vater: »Mein Sohn läuft seit zwei Tagen!«

     Ihre Antwort: ______

133. Ein Mercedes-Mitarbeiter prahlt: »Ich arbeite bei der Fertigung der neuen S-Klasse, am Band!«

Sie antworten: ______________________________

____

134. Als im Hosenanzug gekleidete Dame werden Sie im Fahrstuhl von einem Kollegen angequatscht: »Sie sehen ja aus wie ein richtiger Mann!«

Antwort 1: ______________________________

Antwort 2: ______________________________

135. Ein entfernter Bekannter (scheinbar mitfühlend): »Ich habe gehört, Sie sind in Ihrem Unternehmen gefeuert worden!«

Ihre Antwort: »Stimmt. Aber ... ______________________________

____

Antwort 2: ______________________________

136. Ein Kommentar nach dem Lesen einer Illustrierten: »... es gibt ja viele ansteckende Krankheiten, man muss da ja schon sehr vorsichtig sein!«

Ihre Bemerkung: ______________________________

____

137. Warum schließt die amerikanische Unabhängigkeitserklärung alle Frauen aus?

Weil es dort heißt: ______________________________

138. Sie haben einen Autounfall gehabt. Ein blöder Gaffer fragt dennoch nach: »Sagen Sie mal, hatten Sie einen Unfall?!«

Ihre Antwort: ______________________________

____

Antwort 2: ______________________________

____

139. Es gibt nur ein Tier, vor dem ein ausgewachsener Löwe richtig »kuscht«, welches denn?

Ihre Antwort: ______________________________

____

140. Sonntagmorgen, gemütliches Frühstück mit einer Zeitung, hinter der sich allerdings Ihr Partner versteckt. Ihre Zeichen für Aufmerksamkeit werden geflissentlich überhört und bleiben unbeachtet. Sie: »Wie gehts dir denn?!« – Ihr Gegenüber: »Gut.«

Sie locker: ______________________________

141. Auf einer Stehparty flüstert Ihnen eine Bekannte zu: »Das ist jetzt das vierte Mal, dass du ein Sektglas greifst, mir ist das langsam unangenehm!«

Ihre Antwort:

Antwort 2:

142. Ihr Bekannter fragt Sie vertraulich bei einem Gläschen Wein: »Sag mal, hast du deine Kinder schon aufgeklärt?!«

Ihre schlagfertige Bemerkung:

143. Jemand quatscht Sie im überfüllten Bus an: »Nun drängeln Sie doch nicht so!«

Ihre Antwort:

144. Ein Kollege pflaumt Sie an: »Mensch, du bist immer so beamtenmäßig grau in grau gekleidet, schade aber auch!«

Sie:

145. Auf dem Wochenmarkt: »Ich hätte gerne ein Pfund Birnen. Sind diese mit Pflanzenschutzmitteln behandelt?«

Schwarzer Humor:

146. Bitte vollenden Sie folgende Gesprächssituation, wo jemand einen Scherz auf Kosten des anderen macht: A.: »Meine Frau erwartet ein Kind!« – B.: »Und von wem?!« – A.: »Das ist eine bodenlose Frechheit, diese Frage!«

B.:

147. Auf einer Party in Münchens Schickeria protzt ein Möchtegernschauspieler: »Ich habe mein Charaktergesicht bereits am Anfang meiner Karriere mit gut einer halben Million Euro versichern lassen, das zahlt sich nämlich aus!«

Sie provozierend:

148. Ein Psychologe fragt Sie beim Einstellungstest: »Was sehen Sie, wenn Sie in den Spiegel schauen?!«

Ihre schlagfertige und witzige (nicht der Situation angemessene!) doppeldeutige Antwort:

149. »Können Sie sich Telefonnummern gut merken?«

Sie: ______________________________

____

150. Auf einer Gesellschaft echauffiert sich eine Dame über die Männerwelt und lässt verlauten, dass sie grundsätzlich nach ihren schlechten Erfahrungen mit der Unzuverlässigkeit und Charakterlosigkeit bei allen Männern nur »jemanden als Partner akzeptieren könne, der weder rauchen noch trinken würde!«

Ihre passende Bemerkung: ______________________________

____

151. Sie sagen: »... der Briefträger war übrigens vorhin hier.« – Ihre Partnerin fragt nach: »Was für mich?!«

Sie antworten: ______________________________

____

152. Sie sehen einen Mann auf der Straße, der sich mit einer Couch abschleppt.

Ihr schlagfertiger Spruch: ______________________________

____

153. Eine schlagfertige Antwort bei der Polizeikontrolle, morgens um 11.45 Uhr: Der Polizist wirft Ihnen vor, dass ein Kind erst ab zwölf auf dem Beifahrersitz sitzen darf.

Sie wissen, er hat Recht, entgegnen aber trotzdem:

154. Ein Neider fragt Sie: »Wie konnten Sie sich in dem Job so lange halten?«

Ihre Antwort:

Antwort 2:

155. Sie verhandeln an der Rezeption des First-Class-Hotels: »Also, 350 Euro sind aber ein happiger Preis für das Zimmer!«

Die Dame an der Rezeption entgegnet: »Dafür haben Sie aber einen direkten Ausblick auf den Alexanderplatz! Dafür sind 350 Euro für das Zimmer nicht viel!«

Sie:

Antwort 2:

156. Beim Restaurantbesuch fragt der Kellner: »Mögen Sie gerne Wild essen?«

Ihre Antwort: ______________________________

____

157. Als Theologe frage ich Sie: Sollten Priester heiraten?

Antwort: ______________________________

____

158. Stellen Sie sich vor, Sie arbeiten an einer Hotelrezeption als junge Dame. Ein Gast quatscht Sie auf der Frage nach einem Weckruf an: »Dann möchte ich gegen 6.00 Uhr mit einem feurigen Kuss geweckt werden!«

Sie locker: ______________________________

____

159. Ein Busreisender fragt den Busfahrer: »Entschuldigung, aber wie lange hält der Bus?«

Antwort: ______________________________

____

160. Der Abteilungsleiter zu Ihnen als Mitarbeiter lachend: »Mensch, wieder zu spät!«

Ihre Antwort: ____________________

____

161. Ein Kollege beklagt sich: »Ich habe den Kundentermin heute geschmissen, da ich das Flugzeug verpasst habe. Macht aber nichts, ich habe dem Kunden bereits avisiert, dass ich morgen zur gleichen Zeit anreisen werde!«

Sie spottend: ____________________

____

162. Sagt der Vater zu seinem Sprössling: »Also drei Ausdrücke will ich in meinem Hause überhaupt nicht hören: Der eine ist ›zum Kotzen‹, der andere ›vor'n Arsch‹ und der dritte ›fuck‹!«

Antwort des Sohnes: ____________________

____

163. Sie haben Pech beim Geschäftsessen. Eine ungeschickte Bewegung, und der Espresso landet auf dem Tischtuch.

Sie kommentieren es lässig: ____________________

____

164. Ein Partygast belästigt Sie durch permanente Selbstdarstellung: »... und meine Tochter hat die Intelligenz von mir geerbt!«

Sie lassen ihn auflaufen: ____________________

____

Antwort 2: ____________________

____

165. Ein Bekannter spottet: »In deinem Cape siehst du ja aus wie ein Schafhirte!«

Ihre Antwort: ____________________

____

166. Ihre Frage als Tennisspieler nach einem verloren gegebenen Ball an den Schiedsrichter: »Wie heißt denn Ihr Hund?« Schiedsrichter: »Ich habe doch gar keinen Hund!«

Ihre Antwort : ____________________

____

167. »Na Leute, wollen wir noch ein Bier trinken?«

Ihre Gegenfrage: ____________________

____

168. Ihr Mann sagt während des Grillens an einem lauschigen Samstagabend zu Ihnen, seiner Frau: »Ich schaue gerade mal kurz für 5 Minuten die Sportschau.«

Sie antworten leicht düpiert:

169. Im Restaurant fragt der Ober: »Ich hätte da noch einen herrlichen Eiswein, er steht allerdings nicht auf der Karte!«

Ihre Antwort:

170. Schrecken Sie Ihren Lebenspartner einmal auf: »Weißt du, wie viel Zahnpasta in der Tube ist?« – »???!!«

Ihre Antwort:

171. Ein Kollege lästert über Ihren Schnurrbart: »Nimm ihn doch ab, dann siehst du sicherlich ganz verändert aus!«

Ihre Antwort:

172. Auf einer Party prahlt ein Gesellschaftsgast: »Meine Vorfahren haben damals bereits die Römer vertrieben und auch die Franzosen in die Flucht geschlagen.«

Ihre Bemerkung:

173. Als Patient beim Arzt, er will Ihnen eine Spritze verpassen, tröstet Sie allerdings: »Es tut auch gar nicht weh!«

Ihr Spott:

174. Ein versnobter Gesprächspartner prahlt davon, dass sein Diener ihm alles zu Hause anrichte, was er brauche. – Ihre Reaktion: »Ich geniesse das auch, nach meinem Dienstmädchen zu klingeln, wenn ich im Liegestuhl liege.« – Verblüffte Gegenfrage: »Haben Sie denn auch ein Dienstmädchen?!«

Ihre schlagfertige Antwort:

175. Sie kommen in der Bar leicht angeheitert von einem Toilettengang zurück. Reaktion: »Mann, du warst ja schnell wie ein Blitz!«

Ihre Antwort:

176. Sie wetten mit einem Gesprächspartner: »Wetten, dass ich Ihnen sage, was in dieser Woche auf Ihrem Kalender vorgemerkt ist?«

Und gewinnen, denn Ihre Antwort lautet: ______________________________

____

177. Im Winterurlaub: »Mensch, sind das Schneewehen!«

Ihre Antwort: ______________________________

____

Ihr Abbinder für schlagfertige Reaktionen

Beziehen Sie Gesprächspartner nicht nur ein, bringen Sie diese zum Abnicken.

Ihr Vortrag ist zu Ende, die Präsentation gelaufen, die Ansprache verhallt. Und das Echo? Es ist im Grunde genommen wie vor 2000 Jahren in Rom bei Gladiatorenkämpfen: Der Daumen hebt oder senkt sich (unauffällig) beim Zuhörer und Zuschauer, Ihrem Auditorium oder Publikum.

Na, haben Sie wieder einmal versucht, komplizierte Sachverhalte oder komplexe Themen in den schwierigen Passagen, optimal mit ausgefeilten Argumentationsstrukturen oder bei kritischer Reaktion mit noch weiteren, vertiefenden und erweiterten Überzeugungsmustern nachhaltig zu verankern?

Vielfach sind wir leider nur darauf trainiert, bei Präsentationen oder in Gesprächen unsere Gesprächspartner *inhaltlich* einzubinden. Sicherlich eine Notwendigkeit. In vielen Seminaren musste ich jedoch feststellen, dass kaum jemand in der Lage ist, Gesprächspartner so einzubinden, dass eine direkte Reaktion erfolgt.

Mein Resümee: Wenn denn die Einbindung so schwerfällt, warum bringen wir die Gesprächspartner denn nicht konsequent zum *Ab-Nicken?*

Stellen Sie sich folgende Situation vor: Sie haben einen öffentlichen Auftritt, und im Anschluss an Ihr Referat wirft Ihnen ein kritischer Zuhörer vor, Sie wären oberflächlich und damit auch unprofessionell.

Sie geben nun folgende Antwort: »Das schätzen Sie falsch ein. Fakt ist, dass ich in der Konzeption, aber auch in der Implementierung professionell bin. Und diese *Professionalität* spiegelt sich im Erfolg meines Unternehmens wider. *Professionalität* ist aber auch das, was ich bei Ihnen voraussetze!«

Und Ihr verblüffter Kritiker nickt diese Aussage ab.

Die Wirkung auf Gesprächspartner ist phänomenal: Da wirft jemand eine kritisch-polemische Frage auf, tätigt eine degradierende Aussage – Sie parieren erstklassig und ... Ihr Kritiker nickt diese Replik ab.

Das Publikum registriert dieses als Zustimmung – und es funktioniert ...!

Natürlich gelingt das über Ansprache. Nutzen Sie deshalb in kleiner Runde wie auch im großen Plenum den *Sprechzwang,* der sich in unseren Breitengraden nach ein bis zwei Sekunden einstellt. Dieses findet nicht auf der inhaltlichen, sondern auf der Kontaktebene statt. Oder anders gesagt: Übertragen Sie professionell Dialogmuster auf den Monolog, indem Sie das Unterbewusstsein ansteuern. Und so funktioniert der Sprechzwang als Reaktionsmuster »Abnicken«:

- *Sprechen Sie Gesprächspartner mit nach hinten gestelltem Namen an!*
- Der Name am Anfang der Aussage zeitigt Aufmerksamkeit.
- Der Name am Ende der Aussage sorgt für das Abnicken.

Ein Beispiel:
»... ein Produkt, das Sie bereits erfolgreich getestet haben, Herr Müller!«

- *Stellen Sie einen Rückbezug her zum Gesprächspartner.* Der Rückbezug sichert die Zustimmung.

Ein Beispiel:
»... ein Punkt, den Sie, Herr Meier, ja dankenswerterweise sehr ausführlich bei der letzten Sitzung angesprochen haben!«

- *Flechten Sie Konsensformulierungen in Ihre Gesprächssequenz ein.* Konsensformulierungen unterstreichen allgemeine Aussagen und beziehen Gesprächspartner mit ein – bei gleichzeitigem Abnicken. Wer sich nicht dem Nicken anschließt, schließt sich aus.

Ein Beispiel:
»Jeder, der sich intensiv mit Projektmanagement beschäftigt hat, kennt dieses Problem.«

- *Adressieren Sie Ihr Publikum mit Transferformulierungen.* Damit übertragen Sie eine Kompetenz auf die Zuhörer.

Ein Beispiel:
»Und deshalb bestehen wir auf absolute Professionalität, eine Professionalität, die auch Ihr Unternehmen auszeichnet.«

- *Schließen Sie wichtige Aussagen mit Affirmativformulierungen ab.* Das sind Bestätigungen, die das Gesagte abbinden.

Ein Beispiel:
»... Liegt auf der Hand!«, »...logisch!« (Wirkungspause, Blickkontakt)

- *Fokussieren Sie bei wichtigen Aussagen einen Gesprächspartner von Anfang bis Ende der Aussage* und lassen diesen dann noch bei der Wirkpause stehen. Es entsteht Sprechzwang und ein Abnicken.
- *Benutzen Sie wertschätzende Aussagen.* Wertschätzende Aussagen verankern die Beziehungsebene und steigern den Respekt in der Ansprache.

Ein Beispiel:
»Und als Profis wissen Sie, wovon ich jetzt spreche, nämlich dass ...!«

- *Bauen Sie Szenarien anders auf.* Szenarien leiten wir meistens ein mit den Worten: »Stellen Sie sich einmal vor« – damit erzielen wir eine erhöhte Aufmerksamkeit. Das Abnicken erzielen Sie jedoch als Rückgriff auf eine gemeinsame Erfahrung.

Ein Beispiel:
»Meine Damen und Herren, erinnern Sie sich an … – Sie kennen die Situation!«

- *Setzen Sie konsequent Appelle ein, intensivieren Sie diese durch den Blickkontakt.* Mit Appellen geben Sie Orientierung und Handlungsanleitung. Der Dank: das Abnicken.

Ein Beispiel:
»Und deshalb nutzen Sie Ihre Chance!«

Natürlich wollen wir keine »Dauernicker«, wie aus der VW-Wackeldackelwerbung bekannt, als Gesprächspartner haben, aber Sie steigern damit die konsequente Einbeziehung Ihrer Zuhörer und verstärken Ihre inhaltliche Argumentation auf der Kontaktebene. Nutzen Sie diese Technik. Sie zielt auf das Unterbewusstsein, nutzt dialektische Muster aus der Gesprächsführung, überträgt diese auf die monologische Ansprache. Das Ergebnis: Der Daumen geht auch bei inhaltlichen Differenzen nach oben!

Ihr ultimativer Härte-Test

Nachfolgend sind Ihnen Fragen oder Aussagen vorgegeben, die mittels Wortspielereien locker repliziert werden können. Dabei kommen alle Wortspiel-Muster, die bereits vorgestellt wurden, in unterschiedlicher Reihenfolge zum Tragen. Bitte beachten Sie auch, dass zur jeweilig unterschiedlichen Situation auch unterschiedliche Antworten möglich sind.

In diesem Übungsteil erarbeiten Sie sich Schlagfertigkeitsmuster, die auf ähnliche Angriffe oder Übergriffe übertragbar sind. Verlassen Sie also die rationale Schiene, geben Sie eine lockere, witzige und schlagfertige Bemerkung.

Alle typischen oder witzigen Schlagfertigkeitsmuster sind repräsentativ enthalten, Sie legen sich damit also »Verbalmuster« an. Diese Übung schult Ihren Situationswitz und zugleich die wortspielerische Schlagfertigkeit.

Alle Angriffe und verbalen Übergriffe sind aus ihrem Kontext/der Situation befreit, *schlagfertigen* Sie einfach drauflos!

Wichtiger Hinweis:
Fallen Ihnen die Antwort noch schwer, dann übersetzen Sie die Aussagen in Bilder, stellen Sie sich die Situation vor.

Lieber etwas länger über einer Antwort gebrütet als allzu früh aufgegeben. Schlagfertigkeitsmuster müssen und können Sie wie eine Grammatik erlernen. Bitte notieren Sie Ihre Antworten in ein Heft oder auf einen Block, oder kopieren Sie sich die Übungen aus dem Buch, dann können Sie die Übung mit zeitlichem Abstand wiederholen. Notieren Sie sich die

Zeiten, die Sie für die Übungen brauchen, dann stehen Sie unter Wettbewerbsdruck!

Bitte versuchen Sie, mindestens zwei Alternativen zu finden.

Ihre Übungsalternative:
Sollten Sie sich dem Thema Schlagfertigkeit erst annähern und die einzelnen Übungen machen wollen, ohne jeweils die Hinführungen erarbeitet zu haben, so ist das natürlich auch möglich.

In diesem Fall überlegen Sie bitte, ob es sinnvoll für Sie ist, zunächst einmal die Antworten und Repliken durchzugehen und dann erst den Text aufzugreifen.

Übungen:
Formulieren Sie jeweils drei Reaktionsmöglichkeiten!
Mögliche Antworten finden Sie im Anhang.

178. Spöttisch-polemisch: »Ich habe gehört, dass Sie Ihre Abstammung bis auf die Affen zurückführen können, das kommt deutlich zum Tragen!«

Ihre Reaktion 1: ____________________________

____

Ihre Reaktion 2: ____________________________

____

Ihre Reaktion 3: ______________________

____

179. Enerviert: »Sie wollen mich wohl fertig machen!«

Ihre Reaktion 1: ______________________

____

Ihre Reaktion 2: ______________________

____

Ihre Reaktion 3: ______________________

____

180. »Schauen Sie doch einmal in den Spiegel, so wie Sie aussehen!«

Ihre Reaktion 1: ______________________

____

Ihre Reaktion 2: ______________________

____

Ihre Reaktion 3: ______________________

____

181. »Bei der letzten Sitzung haben Sie aber noch etwas ganz anderes gesagt!«

Ihre Reaktion 1: ______________________________

____

Ihre Reaktion 2: ______________________________

____

Ihre Reaktion 3: ______________________________

____

182. »Das soll wohl ein Witz sein!«

Ihre Reaktion 1: ______________________________

____

Ihre Reaktion 2: ______________________________

____

Ihre Reaktion 3: ______________________________

____

183. Spöttisch: »Was sind denn das für Weisheiten, die Sie von sich geben?!«

Ihre Reaktion 1: ______________________________

____

Ihre Reaktion 2:

Ihre Reaktion 3:

184. »Na, lassen Sie wieder den Wissenschaftler heraushängen, Herr Doktor?«

Ihre Reaktion 1:

Ihre Reaktion 2:

Ihre Reaktion 3:

185. »Das sind ja merkwürdige Wahrheiten, die Sie da zum Besten geben!«

Ihre Reaktion 1:

Ihre Reaktion 2:

Ihre Reaktion 3:

186. »Da habe ich aber Bedenken ...!«

Ihre Reaktion 1:

Ihre Reaktion 2:

Ihre Reaktion 3:

187. »Also, da muss ich nun einmal den Vorgesetzten herauskehren!«

Ihre Reaktion 1:

Ihre Reaktion 2:

Ihre Reaktion 3:

188. »Also verhohnepipeln (verkohlen/verarschen) kann ich mich selber!«

Ihre Reaktion 1:

Ihre Reaktion 2:

Ihre Reaktion 3:

189. »Das verstehe ich jetzt nicht!«

Ihre Reaktion 1:

Ihre Reaktion 2:

Ihre Reaktion 3:

190. »Das ist gegen meine Überzeugung!«

Ihre Reaktion 1:

Ihre Reaktion 2:

Ihre Reaktion 3:

191. »Also, da bin ich toleranter gegenüber anderen!«

Ihre Reaktion 1:

Ihre Reaktion 2:

Ihre Reaktion 3:

192. »Ich poche hier auf die Tradition unseres Hauses! Respektieren Sie das bitte.«

Ihre Reaktion 1:

Ihre Reaktion 2:

Ihre Reaktion 3: ______________________

____

193. »Was soll denn dieses Theater?«

Ihre Reaktion 1: ______________________

____

Ihre Reaktion 2: ______________________

____

Ihre Reaktion 3: ______________________

____

194. Frau zu Mann: »Waren Sie eigentlich schon immer so ein Casanova/Macho/Chauvi?!«

Ihre Reaktion 1: ______________________

____

Ihre Reaktion 2: ______________________

____

Ihre Reaktion 3: ______________________

____

195. »Merken Sie nicht, dass einige Kollegen schon gähnen?«

Ihre Reaktion 1:

Ihre Reaktion 2:

Ihre Reaktion 3:

196. »Sie haben doch schon verschiedene Fehleinschätzungen zu verzeichnen!«

Ihre Reaktion 1:

Ihre Reaktion 2:

Ihre Reaktion 3:

197. »Das ist mein Erfolg!«

Ihre Reaktion 1:

Ihre Reaktion 2:

Ihre Reaktion 3:

198. »Blödmann!«

Ihre Reaktion 1:

Ihre Reaktion 2:

Ihre Reaktion 3:

199. »Langsam fühle ich mich wie ein Demagoge!«

Ihre Reaktion 1:

Ihre Reaktion 2:

Ihre Reaktion 3:

200. »Sie haben aber eine extrem lange Leitung, bevor Sie den Punkt finden!«

Ihre Reaktion 1:

Ihre Reaktion 2:

Ihre Reaktion 3:

201. »Wir sollten alle Meinungen berücksichtigen, schließlich arbeiten wir in einem demokratischen Unternehmen!«

Ihre Reaktion 1:

Ihre Reaktion 2:

Ihre Reaktion 3:

202. »Fragen Sie doch bitte nicht so dämlich!«

Ihre Reaktion 1:

Ihre Reaktion 2:

Ihre Reaktion 3:

---

203. »Sie weichen aus, wollen Sie Zeit gewinnen!?«

Ihre Reaktion 1:

Ihre Reaktion 2:

Ihre Reaktion 3:

---

204. »Darf ich Ihnen einmal drei Fragen stellen? Wie kommen Sie zu diesen Ergebnissen? Woher haben Sie diese scheinbaren Fakten? Was konkret schlussfolgern Sie nun?«

Ihre Reaktion 1:

Ihre Reaktion 2:

Ihre Reaktion 3:

205. »Das wäre ein Super-Gau!«

Ihre Reaktion 1:

Ihre Reaktion 2:

Ihre Reaktion 3:

206. »Das ist eine geistige Bankrotterklärung!«

Ihre Reaktion 1:

Ihre Reaktion 2:

Ihre Reaktion 3:

207. »Na, wieder einmal in einer ausgedehnten Kaffeepause unterwegs?!«

Ihre Reaktion 1:

Ihre Reaktion 2:

Ihre Reaktion 3:

208. »Sie spielen sich jetzt wie der Chef/Projektleiter auf!«

Ihre Reaktion 1:

Ihre Reaktion 2:

Ihre Reaktion 3:

209. »Bitte unterbrechen Sie mich nicht!«

Ihre Reaktion 1:

Ihre Reaktion 2:

Ihre Reaktion 3:

210. »Das ist aber ziemlich egoistisch!«

Ihre Reaktion 1:

Ihre Reaktion 2:

Ihre Reaktion 3:

211. »Ich möchte bitte ausreden!«

Ihre Reaktion 1:

Ihre Reaktion 2:

Ihre Reaktion 3:

212. »Ich glaube, Sie sind auf dem Holzweg!«

Ihre Reaktion 1: ____________________

____

Ihre Reaktion 2: ____________________

____

Ihre Reaktion 3: ____________________

____

213. »Mein Gott, das gibt es doch gar nicht!«

Ihre Reaktion 1: ____________________

____

Ihre Reaktion 2: ____________________

____

Ihre Reaktion 3: ____________________

____

214. »Sie sind unfähig!«

Ihre Reaktion 1: ____________________

____

Ihre Reaktion 2:

Ihre Reaktion 3:

II. Bauernschläue

Der meist negativ besetzte Begriff ist im Ursprung eine redensartliche Umschreibung einer Tatsache. Man geht hier davon aus, dass »auf dem Land« schulisch wenig ausgebildete Personen bei Planungen vor allem Hinterlist, Verschwiegenheit sowie Boshaftigkeit einsetzen, um an ein gestecktes Ziel zu gelangen (Grundstücksgeschäfte z. B.). Das Klischee, welches den sogenannten »Städtern« die Fähigkeit zu Pragmatismus und planvollen Berechnungen zuschreibt, tritt hier zutage. Dem Bauern, hier als typischen Vertreter des Landlebens, wird Bildung und instrumentelle Vernunft, in diesem Falle ein Synonym für Intelligenz, abgesprochen.

Beispiele:
Neben seinen diktatorischen Befugnissen sagte man Nikita Chruschtschow (1894–1971) ein Verhalten mit einen Hang zu Misstrauen, derbem Humor und ererbter Bauernschläue nach. So erzählte er selbst die Geschichte eines Mannes, der ihn mitten auf dem Roten Platz als Esel bezeichnete. Der Herr bekam 2 Jahre Gefängnis in Sibirien wegen Beleidigung seiner Person und 18 Jahre wegen Verrat eines Staatsgeheimnisses.

Clemens Fürst Metternich (1773–1859) sparte in keiner seiner Schaffenszeiten mit »bauernschlauen Sprüchen«. So schrieb er, in Konkurrenz zum Militär stehend, die Beschwerde, dass diejenigen, die Kanonen abfeuern, zweifelsfrei mehr Ehren und Bewunderung einfangen, als die, die dies zu verhindern versuchen.

Als Metternich 1821 in Wien Staatskanzler wurde und seinen Aufgabenbereich in absolutistischer Härte durchsetzte, war ihm der Argwohn der Wiener allgegenwärtig. Man munkelte, dass Metternich (oft als Fürst Mitternacht beschimpft) und nicht der Kaiser herrsche. Er selbst meinte dazu: »Der Kaiser tut nur das, was ich will. Und ich will nur das, was er soll.«

Scharfsinnigkeit

Scharfsinnigkeit bezeichnet als Scharfsinn (Sagazität) einen durchdringenden Verstand. Die Fähigkeit, wesentliche Punkte einer Thematik zu erfassen und Dinge mit hoher Geschwindigkeit zu durchschauen, definieren dieses Substantiv.

Fast immer wird der Begriff mit typischen Ausdrücken wie Vernunft, Begabung, Klugheit sowie Geschäftssinn verknüpft. Allen diesen Wörtern liegt die Fähigkeit zugrunde, Wichtiges unverzüglich mit dem Verstand zu erkennen und beurteilen zu können.

Beispiele:
Georg Wilhelm Friedrich Hegel (1770–1831), einflussreichster Philosoph des deutschen Idealismus, wurde während einer

Vorlesung an der Universität Berlin von einem jungen Studenten angesprochen, dass er einfach Folgerungen aus Tatsachen ziehe, die es in dieser Form nicht gäbe. Hegels Reaktion darauf, knapp und präzise, lautete wie folgt: »... das ist natürlich sehr schlimm für die Tatsachen.«

Urteile über Hegel und seine Theorien in der Philosophie gab es mannigfaltig. So urteilte der Theologe Schleiermacher über die komplizierte Fachsprache des Kollegen in besonderer Weise: Das relative Nichtsein in dem unmittelbaren Umsich-, Ansich- und Fürsichsein in der passiven Kausalität des Absoluten sei doch nur ein Loch im Hemd der Muttergottes.

Spitzfindigkeit

Eine beabsichtigte oder unbeabsichtigte, kleinliche und einseitige Auslegung von Texten, Wörtern allgemein, Begriffen und Situationen wird als »spitzfindig« bezeichnet. Etwas wird besonders genau, präzise beurteilt und verbalisiert; allerdings so genau, dass es nervig ist (= auf die »Spitze« getrieben).

Spitzfindigkeit gehört in seiner Ähnlichkeit mit folgenden Begriffen beurteilt: Haarspalterei, Pendanterie, Erbsenzählerei, Rabulistik oder Wortfuchserei. Gemeinsam ist allen der abwertende Gebrauch, welcher eine einseitige übertriebene Verhaltens- oder Sichtweise aufzeigt.

Von anderen Menschen wird es fast immer als lächerlich und störend wahrgenommen.

Beispiele:

Als Herausgeber der »Fackel« machte sich Karl Kraus (1874–1936) als unerbittlicher Richter über Sprache, Literatur, Presse und Gesellschaft in Wien einen Namen. Sein Credo, jeder Schriftsteller stehe tagtäglich in der Pflicht im Umgang mit der Sprache, eine Dirne zu einer Jungfrau zu machen, wurde weithin bekannt. Über die Kunst des Schreibens eines Feuilletons hatte er seine spezielle Meinung: Es sei, als müsse man auf einer Glatze Locken eindrehen.

Als in einer Journalistenrunde heiß darüber diskutiert wurde, dass es einem Politiker gelungen sei, eine einstweilige Verfügung gegen eine auf ihn bezogene Glosse zu erwirken, beendete Kraus die Diskussion mit dem Hinweis, dass Satiren, die ein Zensor verstehe, zu Recht verboten würden.

Charles Maurice de Talleyrand-Perigord (1754–1838) war als französischer Bischof, Diplomat und Staatsmann im Europa der Nach-Französischen-Revolutions-Zeit eine der leuchtendsten politischen Personen. Auf die Behauptung, dass Frauen genauso gute Diplomaten abgäben wie Männer, antwortete Talleyrand besonders spitzfindig: Ein Diplomat, der ja sagt, meine vielleicht, und sagt er vielleicht, meine er nein. Sagt er aber nein, so sei er kein Diplomat. Das Nein einer Frau bedeute dagegen vielleicht, sagt die Dame vielleicht, so meine sie oft ja, sagt sie aber ja, so sei sie keine Dame.

Sarkasmus

Sarkasmus ist ein latinisiertes griechisches Substantiv, abgeleitet von *sarkasmos* = Zerfleischung, beißender Spott, sich das Maul zerreißen oder verhöhnen (altgriech.).

Es bezeichnet immer den bitteren Hohn und Spott. Dieser kann durch eine direkte Aussage des Gemeinten oder mittels Ironie, der Bedeutungsumkehrung, zum Ausdruck kommen. Häufig wird sarkastisches Verhalten noch durch einen besonderen Tonfall des Gesprochenen unterstützt.

Sarkasmus ist oft subtil und doppeldeutig, selten offen oder eindeutig wie der Spott. Hinter sarkastischen Aussagen steckt immer eine klar abgegrenzte Absicht, unabhängig vom hierfür gewählten sprachlichen Mittel, sie sind einseitig gewählt und fokussieren auf Vernichtung.

Beispiele:
Hugo von Hofmannsthal (1874–1929) war österreichischer Lyriker und Dramatiker; bekannt durch sein Theaterstück »Jedermann«, war er enorm populär und in Theaterkreisen gefragt. Als extrem bibliophiler Sammler gab Hoffmannsthal nie ein Buch aus seiner Schätzesammlung zum Verleih. Als ein aus der Not verliehenes Werk nach langer Zeit mit hässlichen Fettflecken zu ihm zurückkam, sandte er dem Barbaren ein Stück Speckschwarte mit dem Hinweis, dass der Herr sein Lesezeichen in Hoffmannsthals Buch vergessen habe.

Die italienische Schauspielerin Anna Magnani (1908–1973) war ihrer sarkastischen Bemerkungen wegen in Hollywood der 60er-Jahre bekannt. Über die Vormachtstellung der Männer in den Filmzentren hatte sie eine klare Meinung: Männer erreichten nur deswegen führende Positionen, weil sie nie wegen Schwangerschaft absagen müssten.

Napoleon I. Bonaparte (1769–1821) war ein für seine Boshaftigkeiten, Grobheiten, Taktlosigkeiten und sarkastischen Aussagen bekannter Staatsmann. Als er in zweiter Ehe die Tochter des österreichischen Kaisers Franz, Marie Louise, heiratete, um endlich einen Thronerben vorweisen zu können, erklärte Napoleon seine Ratgebern diese Tat mit den Worten, dass er nur einen Bauch heirate.

Überhaupt begegnete er Frauen, vor allem politisch klugen, immer mit Sarkasmus. Der Gattin eines Generals sagte er anlässlich eines Empfangs, dass ihr Kleid scheußlich sei und dies wohl dem deutschen Geschmack und ihrem Äußeren geschuldet sei.

Über den berühmten Maler Auguste Renoir (1841–1919) existiert eine sehr populäre sarkastische Behauptung, allerdings post mortem: Renoir habe in seinem Leben cicra 2000 Bilder gemalt, wovon, so Kunstsachverständige, etwa 5000 in den USA zu finden seien. Ähnliches behauptet man auch von anderen Malern – vielleicht stimmt es bei denen ebenfalls.

Jonathan Swift (1667–1745), jedem bekannt als Romanautor von »Gullivers Reisen«, war gefürchtet wegen seiner Nutzung von Ironie und Sarkasmus. Als er noch Pfarrer in Swift/Irland war, begann er eine Predigt mit dem Hinweis, dass Hochmut die verwerflichste Eigenschaft des Menschen sei. Sie begegne in dreierlei Formen: der Hochmut in der Geburt, der Hochmut im Reichtum und der Hochmut des Verstandes. Über letztere Form brauche sich aber niemand in der Gemeinde zu sorgen, denn es sei keiner unter ihnen.

Bonmots

Ein Bonmot, aus dem französischen Wortschatz stammend (»bon« = gut und »mot« = Wort), bezeichnet eine treffende Bemerkung, einen witzigen Einfall, ein geistreiches Witzwort oder einen gelungenen Ausspruch in einer spezifischen Situation.

Bonmots haben ihre Bedeutung in der Konversation in gehobener Gesellschaft und werden als Zeichen von »Geist besitzen« verstanden.

Sie sind schlagfertige, geistreiche Bemerkungen mit hohem Unterhaltungswert, zu diesen gehören sowohl gesprochene wie auch geschriebene (nicht mit Aphorismen zu verwechselnde) Wortspiele, Doppelsinniges, Paradoxa und oft auch Anspielungen.

Beispiele:
Klemens Fürst Metternich suchte verzweifelt den politischen Ausgleich zwischen Österreich und Frankreich und empfahl daher Kaiser Franz I. die Vermählung seiner Tochter mit Napoleon. Für Napoleon war die Aussicht sehr verlockend, nach kinderloser Ehe nun vielleicht einen Thronerben mit einer Angehörigen des ältesten Herrscherhauses Europas zeugen zu können. Zum Dank für Metternichs Bemühungen übersandte Napoleon ihm ein wertvolles Silberservice mit dem Hinweis: »C'est service pour service.«

Lew Dawidowitsch Trotzkij (1879–1940) war einer der bedeutendsten Führer der russischen Revolution neben Lenin und Stalin. Mehrere Jahre lebte Trotzkij im Wiener Exil. Im Café Zentral war er als leidenschaftlicher Schachspieler bekannt. Da auch Sigmund Freud hier oft Gast war, kursiert das folgende Bonmot: »Der eine möchte die Erotik mattsetzen und der andere das Kapital.«

Geistesgegenwart

Geistesgegenwart gilt als Fähigkeit, in unvorhersehbaren Situationen, oft als gefährlich oder unangenehm eingestuft, schnell zu reagieren und das Richtige zu tun. Auf den Punkt wird agiert und das als später richtig Beurteilte getan. Hier wird, ohne nachzudenken, gehandelt unter Umgehung des Gehirns; nur durch Steuerung des Rückenmarks. Oft wird dieser Begriff auch mit dem Ausdruck »Reaktion oder Handlung im Reflex« gleichgesetzt.

Der Wortbedeutung folgend ergibt sich ein weiteres Bild. Gegenwart bedeutet ursprünglich »gegen (mich) gewendet« und später nach weiterem Bedeutungswandel »Zugegensein« einer höhergestellten Person wie z. B. eines Richters, Königs oder Kaisers. Hieraus entwickelte sich die heutige Bedeutung zu: Präsens = Anwesenheit/Zugegensein. Daher besagt Geistesgegenwart heute die Anwesenheit des Geistes, des Verstandes oder Esprits.

Beispiele:
Ein Beispiel für Geistesgegenwart schildert Rolf Dobelli in seinem Buch »Die Kunst des klaren Denkens«, S. 61, unter Verweis auf Charlie Munger, einen der weltbesten Investoren:

Der Physik-Nobelpreisträger Max Planck habe sich auf Deutschland-Tournee befunden. Sein ihn begleitender Chauffeur habe seinen Vortrag nach zig Veranstaltungen auswendig gekannt und einen Rollentausch vorgeschlagen. Planck habe amüsiert sein Einverständnis erklärt. Die Täuschung wäre beinahe aufgeflogen, als ein geschätzter und renommierter Physikprofessor eine Frage stellte. Der Chauffeur bewies daraufhin Geistesgegenwart und erklärte, diese Frage sei so überraschend einfach, dass selbst sein Chauffeur in der ersten Reihe diese beantworten könne ...

III. Macht und Magie der Appelltechnik – Ein Neuansatz

Die Appelltechnik ist eine konsequente Alternative in der Gesprächsführung. Normalerweise setzen wir eine Gesprächsführung mittels der Fragetechnik auf. Die Regel dafür lautet: »Wer fragt, der führt!«

Fragetechnik hilft uns, Informationsdefizite aufzufüllen, doch in kritischen Situationen wächst bei falschen Fragen, beispielsweise bei Gegenfragen, der Gesprächsdruck.

Soweit mir bekannt ist, ist dieses Kapitel wie auch der komplette Ansatz neu; ich habe es in der einschlägigen Literatur bislang noch nicht gefunden.

Die Appelltechnik ist eine konsequente Weiterentwicklung von Ansätzen aus den Büchern »Schwarze Rhetorik« und »Nie wieder sprachlos!«. Grundsätzlich unterscheiden wir zwischen

- *direkten Fragen:* »Welchen Lebenslauf haben Sie?«,
- *Appellen mit indirekten Fragen:* »Sagen Sie mir, wie Ihr Lebenslauf ist!« und
- *direkten Appellen:* »Schildern Sie mir Ihren Lebenslauf!«

Kinder arbeiten in frühen Jahren vorwiegend mit Appellen, dann trainieren wir es ihnen ab. Fragen hören sich sicherlich höflicher an, aber Appelle sind konsequentere Instrumentarien der Gesprächsführung!

Natürlich, »Jedes Kind kann Regeln lernen!«, so lautet ein alter Ratgeber, doch ist es schade, wenn wir diese Fähigkeit, Gespräche auch anders als mit Fragen zu führen, nur noch rudimentär besitzen. Kinder sind gelernte »Schwarze Rhetoriker«, doch wir erziehen sie konsequent um.

Es wäre einmal spannend auszurechnen, was es im Erwachsenenalter an Weiterbildungskosten ausmacht, ihnen diese rudimentären Ansätze wieder beizubringen.

Süße Tyrannen sind unsere Kinder, sicherlich. Aber primär haben sie klare Kommunikationsstrategien, die von deutlichen Appellen, vielfach von Handlungsappellen geprägt sind.

Was sind Appelle?
Appelle sind direkte Handlungsaufforderungen, die sich auf ein Tätigkeits- oder Gesprächsfeld beziehen. Als direkte Anweisung mit imperativem Charakter sind sie gekennzeichnet von einer direkten Ansprache. Was sagt der Duden dazu?

> »Ap/pell der; -s, -e (lat.-fr.)
> Aufruf, Mahnruf (zu einem bestimmten Verhalten)
> (milit.) Aufstellung, Antreten (zur Befehlsausgabe u. a.)
> Gehorsam des (Jagd-)Hundes«
> (Duden, Das Fremdwörterbuch)

Appelle sind stärker als die Fragetechnik, denn sie weisen das Gegenüber direkt an, etwas zu tun. Sie fragen keine Entscheidung an, sondern geben eine Entscheidung bereits vor. Betrachten wir zwei unterschiedliche Gesprächsmuster:

»Herr Müller, könnten Sie bitte einmal das Fenster öffnen?«

Diese Frage ist unsauber formuliert. Da sie sich auf das »Können« konzentriert, wird Herr Müller mit hoher Wahrscheinlichkeit aufspringen und dem Wunsch nachkommen. Er ist jetzt höflich. Die richtige Formulierung muss lauten:

»Herr Müller, bitte öffnen Sie das Fenster hinter Ihnen!«

Herr Müller wird es auch sicher tun.

Aber: Eine *Frage* gibt die Entscheidung an den Gesprächspartner ab, ein *Appell* setzt dagegen die bereits getroffene Entscheidung voraus, stellt diese nicht zur Disposition! Appelle sind also klare Gesprächs- oder Handlungsanweisungen, die eine direkte Ansprache erfordern! Aber, werden Sie jetzt einwenden, klingt der Appell denn nicht viel unhöflicher? Nein, denn:

Der Ton macht die Musik.

Freundlich zu einer Tätigkeit aufgefordert, fällt es den meisten Gesprächspartnern gar nicht auf, dass sie gerade einem Appell auf den Leim gegangen sind – sie reagieren, aber reflektieren nicht. In vielen Seminaren habe ich, seit ich in einem Journalistenseminar die Fragetechnik einmal durch Appelle ersetzt habe, meine Teilnehmer »getestet«.

In einem normal kontrollierten Gespräch fällt es vielen gar nicht auf, in bewusst reflektierten Gesprächen reagieren 90 Prozent der angesprochenen Teilnehmer direkt darauf, während alle anderen Teilnehmer leicht grinsen.

Wie auch Fragen sind Appelle ebenfalls ein herrliches Instrument, Kommunikation facettenreich zu gestalten, denn sie können wie auch Fragen

- Gesprächspartner beschwichtigen *oder* provozieren,
- Fakten schaffen *oder* Tatsachen verschleiern,
- Einschätzungen abrufen *oder* suggerieren,
- animieren *oder* demotivieren,
- sich auf den Fragegegenstand *oder* auf die Person beziehen,
- zum Gespräch motivieren *oder* Gesprächsabbruch führen,
- Erlebnisse erfragen *oder* abfragen,
- Einschätzungen einfangen *oder* Fehleinschätzungen aufrufen,
- Erklärungen erbitten *oder* Rechtfertigung verlangen,
- zu Beschreibungen aufrufen *oder* die Schotten herunterklappen, *und das aufgrund ihrer Facettenhaftigkeit ... Doch sie stellen keine Entscheidungsfindung dar, sondern setzen diese als gegeben voraus!*

Wenn Sie in einer normalen Gesprächssituation alle Fragen durch Appelle ersetzen, werden Sie drei Dinge feststellen:

1. *Sie können es nur unter Schwierigkeiten, denn seit Kindesbeinen sind unsere Muster anders ausgeprägt; schließlich werden wir von Appellen auf Fragen »umerzogen«.*

2. *Ihre Gesprächsführung wird direkter.*
3. *Ihre Gesprächspartner verhalten sich auch nicht anders.*

Aber: Nur »Appelle ausrichten« ist genauso blödsinnig *wie nur* »Fragen stellen«! Und denken Sie daran: Die Dosis entscheidet über Gift und Heilmittel. Ein freundlicher Ton tut Ihrer Entschiedenheit keinen Abbruch.

Hier noch einmal einige Unterscheidungsbeispiele für Formulierungen (zur Vereinfachung folgen die Appellbeispiele den Fragemustern und sind deshalb direkt vergleichbar):

in Frageform	und als Appell
Welche Meinung vertreten Sie?	Sagen Sie uns Ihre Meinung dazu!
Was denken Sie?	Bitte schildern Sie Ihre Gedanken!
Können Sie etwas dazu sagen?	Bitte teilen Sie uns Ihre Einschätzung mit!
Geben Sie uns eine Stellungnahme?	Beziehen Sie bitte Stellung dazu!
Und wie gehts weiter?	Bitte spinnen Sie den Faden weiter!
Übernehmen Sie die Moderation?	Bitte moderieren Sie!
Können Sie das ausführen?	Führen Sie bitte den Ansatz zu Ende!

Einige beispielhafte Gesprächsappelle = klare Anweisungen und direkte Ansprache:

Erläutern Sie uns bitte …
Beweisen Sie es!
Erklären Sie mir doch …
Schildere bitte einmal …
Herr Müller, übernehmen Sie notwendigerweise die Moderation der Veranstaltung …
Eröffne bitte die Gesprächsrunde …
Belegen Sie es!
Definieren Sie …
Differenzieren …
Präzisiere …
Konkretisiere …
Appellieren Sie bitte …
Sagen Sie es!
Beschreiben Sie uns einmal …
Formulieren wir doch bitte …
Skizziere doch …

Einige beispielhafte Handlungsappelle = klare Aufforderung zur Handlung und direkten Ansprache

Präsentieren Sie uns bitte die Ergebnisse!
Definieren Sie …!
Akzeptieren wir es doch!
Nehmen Sie bitte den Kontakt auf!
Tue es!
Rufen Sie bitte an!

Vertraue mir!
Reflektieren Sie es!
Küss mich!
Denk darüber nach!
Setzen Sie bitte auf diese Strategie!
Setzen Sie einen Gesprächsrahmen!
Nochmals: Wichtig sind die Gesprächs- und Handlungsappelle; sie dienen als Ersatz für die Fragetechnik, sind aber primär Gesprächsappelle, also *Appelle, die sich auf eine Gesprächsweitergabe oder -aufnahme* beziehen. Bitte beachten Sie parallell zur Fragetechnik folgende Regeln:

1. **Jedes Gespräch verfolgt einen Zweck, der über den reinen Zweck, soziale Geräusche zu machen, hinausgeht. Dieser wird im Appell thematisiert.**

2. **Es gibt jede Menge dummer Appelle.**

Mit den dummen Appellen ist es wie mit den dummen Fragen: Dumme Appelle sind jene Appelle, bei denen Sie von Anfang an wissen, wie die Antwort lauten wird, die Sie eigentlich nicht hören wollen, aber trotzdem abrufen.

Beispiele:
»Begründen Sie, warum Sie mich für blöd halten!«
… Antwort: »Nnnnuunnja, weil …!«
»Sagen Sie mir, ob Sie mich für inkompetent halten.«
Antwort: »Nnnja!«

Warum ist das jeweils ein dummer Appell?

Weil derjenige, der dieses Thema aufwirft, im Gesprächsverlauf einen Eindruck gewonnen hat und nun einen Appell stellt, dessen Antwort er mit sehr hoher Wahrscheinlichkeit erahnen kann, die er auch gar nicht hören möchte, aber trotzdem abruft.

Dumme Appelle sind solche, die eine eigene Position verhindern und unnötigerweise eine Gegensposition abrufen. Dumme Appelle sind auch »Appelle mit Tiefenwirkung« bei *Negativaussagen zur Person*, bei *Negativaussagen zum Unternehmen* oder *Negativaussagen zum eigenen Kompetenzfeld.*

Beispiele:

»Sie sind ungeeignet für Ihren Job!« »Bitte begründen Sie diese Erkenntnis!«

»Ihr Unternehmen hat ein schlechtes Image!« »Bitte erläutern Sie Ihre Auffassung!«

»Sie machen nicht den Eindruck, dass Sie dieser Aufgabe gewachsen sind!« »Das erklären Sie bitte einmal!«

Der tiefenpsychologische Appell provoziert nun jeweils eine verbale Breitseite und manifestiert mit hoher Wahrscheinlichkeit die Meinung oder Einschätzung des Gegenübers.

Denn wenn die Antwort dann im ersten Beispiel (»Sie sind ungeeignet für Ihren Job!«) lautet: »Erstens zeigen Sie es immer wieder, zweitens beweist es dieses Gespräch, und drittens unterstreicht es Ihre Frage!«, dann ist die Erklärungsnot besonders groß. Der Rechtfertigungsdruck wächst an.

3. Es gibt jede Menge guter Appelle.

Das sind jene Appelle, bei denen Sie von Anfang an wissen, welche Richtung der Antwortgebende einschlägt, die Sie dann stellen und die eingeschlagene Richtung aufgenommen oder die gewünschte Information abgerufen wird.

Mit guten Impulsappellen steuern Sie die Gesprächsführung in dem von Ihnen vorgegebenen Themenfeld.

Beispiel:
»Gehen wir noch einmal zurück zu dem Punkt, an dem Sie Ihren Berufswunsch verändert haben. Sie haben damals zwar die theologische Promotion abgeschlossen und dann doch den Einstieg bei einer großen Unternehmensberatung gewählt. Bitte schildern Sie diesen Entscheidungsprozess einmal genauer!«

4. Nicht jeder Gesprächspartner ist an Inhalten interessiert, so mancher leider nur an der Gesprächssteuerung.

Grundsätzlich gilt: Bevor Inhalte thematisiert werden, wird die Rollenverteilung im Gespräch und die eigene Positionierung geklärt. Dazu dienen Appelle.

5. Mittels Appelltechnik können Sie ein Gespräch steuern oder in einem Gespräch gesteuert werden.

Unterscheiden Sie dabei die Gesprächsführungsebene von der inhaltlichen Ebene. Kontrollieren Sie mit Ihren Appellen den Gesprächsverlauf, oder haben Sie ansteigenden Erklärungsbedarf?

Es gibt jede Menge Fragen, die zu kurz greifen oder am Gesprächsziel vorbeigehen. Ebenso ist es mit Appellen.

Fazit: Bewerten Sie deshalb auch Appelle!

- Akzeptieren Sie keine Appelle, die persönlich diffamieren!
- Bewerten Sie Appelle, die den Gesprächskontext verlagern!
- Unterscheiden Sie Appelle, die der Gesprächsführung dienen, von Appellen, die Inhalte abrufen!
- Differenzieren Sie Appelle, die Informationsdefizite auffüllen, von Appellen, die Sie unter Erklärungsdruck setzen!

Halten wir fest: *Jede Reaktion und Aufnahme legitimiert den Appell.*

Grundsätzlich unterscheiden Sie bitte zwischen

- offenen Appellen,
- geschlossenen Appellen und
- halboffenen/halbgeschlossenen Appellen sowie
- direkten Appellen und
- indirekten Appellen.

Daneben gibt es noch verschiedene Appellarten, auf die situativ zurückgegriffen werden kann. Sie werden im entsprechenden folgenden Kapitel erläutert.

Mit den richtigen Appellen steuern Sie das Gespräch, mit

den falschen Appellen passiert Ihnen das Gleiche wie mit den dummen Fragen: Sie geben die Gesprächsführung ab. Gesprächsführung basiert vielfach auf einfachen Mustern:

- Appell – Reaktion, Vorwurf – Rechtfertigung, oder
- Appell – Antwort, Abfrage – Erklärung, oder
- Appell – Antwort, Gesprächsführung – Akzeptanz.

Offene Appelle

Positive Ziele der offenen Appelle sind, den Befragten seine Antwort detaillierter, ausführlicher, begründeter oder erzählend darstellen zu lassen, anstatt einengende Ja- oder Nein-Antworten abzurufen. Zugleich ermöglichen die offenen Appelle die Motivierung des Gesprächspartners zur Rede, verstärken den Redefluss und öffnen zumeist seine Gesprächshaltung.

Typisch sind die den Appellen indirekt nachgeschalteten Fragewörter

Wer – warum – was – wo – wann – womit – weshalb – wodurch – wohin.

Beispiele für positive Ziele bei offenen Appellen:
»Erzählen Sie uns bitte, warum Sie diese strategische Ausrichtung in Ihrem Unternehmen gewählt haben.«
»Beschreiben Sie uns den Auslöser, der dann doch zum Schwenk in das Management führte.«
»Skizzieren Sie das Problem aus Ihrer Sicht!«

Negative Ziele der offenen Appelle sind, den Befragten seine Antworten noch stärker rechtfertigen zu lassen, weitere Verstrickungen in Widersprüche zu verursachen oder ihn sich um Kopf und Kragen reden zu lassen.

Eine Zielsetzung kann es auch sein, den Befragten sich in Themengebiete vertiefen zu lassen, die er nachweislich nicht beherrscht oder wo er nur eine unzureichende Kenntnis hat. Andererseits kann es auch sein, dass er bewusst auf Themenfelder gesteuert wird, die er kompetent ausfüllt, die aber vom eigentlichen Gesprächsthema konsequent wegführen.

Beispiele für negative Ziele bei offenen Appellen:

»Erzählen Sie uns, warum Sie diese strategische Ausrichtung in Ihrem Unternehmen gewählt haben, und zwar zu einem Zeitpunkt, als Sie feststellten, dass andere Unternehmen gerade aufgrund dieser Strategie baden gegangen waren!«

»Begründen Sie uns den Schritt, warum Sie dann doch den Schwenk in das Management gemacht haben, obwohl Ihnen von vorneherein keine Karrierechance bei diesem Unternehmen geboten wurde!«

»Erklären Sie uns, warum Sie dann doch fünf Semester Psychologie studiert haben, wenn Sie bereits alle Kommilitonen als ›Deppen‹ kennen gelernt hatten!«

Fazit:

Appelle vertiefen hier also die Erklärungsnot. Blocken Sie unnötige Rechtfertigungen, nicht aber notwendige Erklärungen ab! Beachten Sie das gesteckte Gesprächsziel? Sind Sie beim Thema?

215. Übung

Bitte schließen Sie jetzt dieses Buch oder legen Sie es zur Seite, und geben Sie mit eigenen Worten wieder, wie die positiven wie negativen Ziele der offenen Appelltechnik aussehen.

Geschlossene Appelle

Positive Ziele der geschlossenen Appelle hingegen sind, die Antwortmöglichkeit des Befragten detailliert zu begrenzen, zu präzisieren oder ihn auf eine einzelne Aussage wertneutral einzugrenzen.

Negative Ziele der geschlossenen Appelle sind, die Antworten zu suggerieren, Gesprächspartner zu nicht gewollten Zugeständnissen zu bewegen oder falsche Rückschlüsse zu ziehen.

Ja-/Nein-Appelle

Ja-/Nein-Appelle sind eine Form des geschlossenen Appells.

Positiv an Ja-/Nein-Appellen ist, dass sie eine eindeutige und klare Positionierung fordern und fördern, eine Entscheidung, eine Bestätigung von Feststellung oder Sachverhalt.

Beispiel:

»Sagen Sie, ob Sie einen Parkplatz gefunden haben.«

Negativ an ihnen ist, dass sie sich nicht mit Ja oder Nein beantworten lassen und in der Beantwortung zu einer falschen Annahme führen, einem falschen Fazit oder Ergebnis.

Staatsanwälte operieren sehr gerne mit dieser Methode, um den Angeklagten »festzunageln«.

Deshalb ist Vorsicht angebracht, weil bei negativen Ja-/Nein-Appellen die befragte Person häufig den (Quasi-)Fakten untergeordnet wird. Deshalb brechen unsere Gesprächspartner manchmal gerne aus diesem Muster aus, weil es ihnen wichtiger ist, den kontextuellen Hintergrund ihres Verhaltens oder der getroffenen Entscheidung detailliert auszuleuchten, anstatt eine reduzierte Antwort zu geben. Sie appellieren deshalb an einen verständigen und konsensorientierten Gesprächspartner.

Beispiele für negative Ja-/Nein-Appelle:

»Begründen Sie, warum Sie nur in der gesperrten Zufahrt oder auf dem Behindertenparkplatz dachten parken zu können.«

»Geben Sie uns bitte eine hinreichende Begründung ab, diese Geschäftsreise partout nicht mit der kostengünstigeren Alternative, sprich: Bundesbahn, angetreten zu haben!«

Wissensappelle

Auch Wissensappelle sind eine Form des geschlossenen Appells.

Positiv an den Wissensappellen ist, dass mit ihnen Fakten geprüft, Wissen oder dezidierte Antworten abgerufen werden können. Dann bezeichnen wir sie auch als zulässige Appelle.

Beispiele:

»Sagen Sie uns die Uhrzeit!« (vorausgesetzt, Ihnen fehlt die Uhr)

»Schildern Sie uns Ihre Erfahrungen auf diesem Gebiet!« (vorausgesetzt, Sie füllen Ihr Wissensdefizit auf)

Negativ: Unzulässige Appelle führen Gesprächspartner vor oder fragen bekannte Antworten ab.

Beispiele:
»Sagen Sie uns die Uhrzeit!« (vorausgesetzt, Ihrem Gegenüber fehlt die Uhr)

»Erläutern Sie uns einmal ernsthaft den Grund, dass Sie die Außenstelle bislang nicht besucht haben!« (vorausgesetzt, es ist Ihnen bekannt, dass Ihr Gegenüber dort noch nicht war)

»Jetzt sprechen Sie bitte einmal über Ihre praktischen Erfahrungen!« (vorausgesetzt, Sie sprechen mit einem frischen Hochschulabgänger)

Fazit:
Diese Gesprächstechnik startet Abfragen bei geschlossenen Appellen.

Wissen wird gegenüber anderen Gesprächsteilnehmern bewusst in geschlossenen Antworten ausgespielt.

Gesprächspartner werden bewusst vorgeführt.

216. Übung
Bitte schließen Sie jetzt dieses Buch oder legen Sie es zur Seite, und schreiben Sie mit eigenen Worten nieder, wie die positiven wie negativen Ziele dieser Appelltechnik aussehen.

Schreiben Sie auf einem separaten Blatt Papier jeweils drei positive und drei negative Appelle auf!

Halboffene/halbgeschlossene Appelle

Die halboffenen/halbgeschlossenen Appelle sind Kompromissformeln, die das thematische Antwortfeld durch alternative Antwortvorgaben eingrenzen oder grundsätzlich begrenzen. Stilistisch passiert es üblicherweise durch Alternativappelle oder durch suggestive Elemente wie beispielsweise die Konjunktion »oder«.

Das *positive Ziel* der halboffenen/halbgeschlossenen Appelle besteht darin, eine inhaltliche Angabe des Befragten zu bekommen bei gleichzeitiger Festsetzung der inhaltlichen Begrenzungen.

Beispiele:
»Beschreiben Sie uns den regionalen Schwerpunkt Ihrer Kunden – ist es Bayern im Süden oder im Norden Niedersachsen?« (vorausgesetzt, Sie wissen, dass der Gesprächspartner etwa in beiden Bundesländern tätig ist)

»Sagen Sie uns, ob Sie über Bröl oder über Allner nach Happerschoss gefahren sind!« (vorausgesetzt, Sie wissen, dass es die beiden üblichen Alternativstrecken sind)

Das *negative Ziel* bei halboffenen/halbgeschlossenen Appellen besteht darin, Antwortalternativen aufzuwerfen, die beide entweder den Gesprächspartner festnageln oder als Alternativen beide falsch sind. Stellen Sie sich vor: Ein ehemals alkoholabhängiger Gesprächspartner erhält einen Appell eines Wissenden, der ihn nötigt, ein Glas Sekt auf den Chef mittrinken zu müssen: »Na, mein lieber Herr Meier, Sie lassen das Glas Sekt ja stehen: Sagen Sie uns, ob Sie unseren Chef nicht mögen, oder schildern Sie andere Bedenken!«

Beispiele:
»Klären Sie uns auf: Haben Sie diesen Fehler bewusst akzeptiert, oder ist er Ihnen nur zufällig unterlaufen?« (Fehler bleibt Fehler)

»Nun reden Sie nicht drum rum: Sind Sie frauenfeindlich oder einfach nur polemisch?« (in Ordnung ist das Verhalten, so suggeriert der Appellierende, auf keinen Fall)

»Dann sagen Sie uns endlich: Wollen Sie es nicht wahrhaben, oder kapieren Sie es einfach nicht?«

Sie sehen, der Appell verstärkt in diesen Fällen den Antwortdruck der anschließenden Fragen.

Direkte und indirekte Appelle

Positive, direkte Appelle signalisieren eine offene und direkte Kommunikation, wobei die Klärung der Fakten, eines Sachverhaltes grundsätzlich im Vordergrund steht, jedoch deutlich Person und Thema verknüpft werden. Natürlich erkennt der Gesprächspartner durch das direkte Ansprechen des avisierten Punktes, worauf der Appellierende hinauswill – sodass er grundsätzlich entscheiden kann, ob offen geantwortet, eine Ausweichstrategie betrieben oder gar offen angesprochen wird, dass die gestellte Frage nicht beantwortet werden muss.

Beispiele:
»Bitte beschreiben Sie uns das Ziel Ihres bereits angekündigten Besuchs in der Bonner Werksniederlassung!«

»Bitte skizzieren Sie uns Ihre sehr ähnliche Situation!«

Negative, direkte Appelle thematisieren stattdessen Tabuthemen und setzen den Gesprächspartner unter Druck.

Beispiele:
»Jetzt outen Sie sich bitte doch endlich, weiß doch jeder schon um Ihre Homosexualität!«

»Begründen Sie Ihre idiotische Wahl der LIF!«

»Plaudern Sie einmal aus dem Nähkästchen eines Mannes, der Kunden über den Tisch zieht.«

Indirekte Appelle sind negativ, da sie versuchen, das präzise Gesprächsziel hinterrücks zu erschließen, zu vernebeln, oder sie bewerten es bereits durch negative Unterstellungen, indirekte Provokation: Diese Appelle setzen Vorurteile oder negative Bewertungen durch Dritte auf und konfrontieren mittels direkter Bewertung, fordern ihrerseits die Stellungnahme oder klare Bewertung heraus.

Beispiele:
»Sie sind ein aggressiver Autofahrer, der sich nicht für gesetzliche Tempolimits begeistern kann ...!?« (gedacht wird der Appell: »Sagen Sie einfach Ja!«)

»Umweltpolitisch bewusste oder gar engagierte Menschen lehnen doch üblicherweise eine Festschreibung des Tempolimits ab ...!?«

»Los, bestätigen Sie diese Feststellung!«

Festschreibend: »Sie reden also über etwas, das Sie überhaupt nicht interessiert!«

Es ist klar, dass diese indirekten Appelle nicht immer ausgewiesen werden müssen, aber durchaus ausgewiesen werden können.

Indizienappelle erschließen insgesamt eine zweite Ebene. Bewusst wird dem Befragten eine scheinbar zu erfragende Thematik vorgegeben, die zweite Ebene erschließt sich im Rückschluss.

Beispiele:

»Geben Sie doch zu, ein rücksichtsvoller Autofahrer sein zu wollen!« – »Ja, das bin ich auf jeden Fall.«

»Wer so viele Kilometer unfallfrei pro Jahr fährt, der fährt sicherlich dann auch sehr übersichtlich. Bestätigen Sie das bitte!« – »Klar, dafür entwickelt sich ein besonderes Sensorium für kritische Situationen.«

»Klären Sie uns doch einmal auf, dass Sie im Jahr mehr als 50 000 km fahren.« – »Im Schnitt sind es sogar 80 000 bis 90 000!«

»Jetzt müssen Sie uns aber plausibel machen, dass dadurch die Umwelt mit jedem Kilometer mehr verpestet wird, Sie das aber nicht stört.«

Verschiedene Appellarten

Folgende Appelle unterscheiden wir im Einzelnen:

Alternativappelle

Mit Alternativappellen stellen wir die freie, aber eingeschränkte Wahl oder Entscheidung zwischen zwei Möglichkeiten, Aspekten oder Fakten in der Anordnung des Entweder-oder zur Disposition bzw. erfragen die Auswahl zwischen zwei oder mehreren Dingen.

Positive Zielsetzung der Alternativappelle ist es, im Interesse des Gesprächs und des Gesprächspartners das Antwortspektrum einzugrenzen und die Richtung der Antwort in beiderlei Interesse zu fokussieren.

Negative Zielsetzung der Alternativappelle ist es, im Gespräch falsche Alternativen für den Gesprächspartner aufzutun, die ihn bei jeder Antwort innerhalb dieser Alternativen in eine falsche Richtung drängen.

Beispiele:

Positiv: »Entscheiden Sie sich bitte für Vorschlag A oder B!«

»Begründen Sie uns, warum Sie Schiffsreisen gegenüber Bahnreisen bevorzugen!«

»Leiten Sie bitte zum Thema Alkohol im Betrieb über, oder stellen Sie falls notwendig noch einige Vorbemerkungen voran!«

Negativ: »Erklären Sie, warum Sie den letzten Projektstand nicht mitbekommen haben, oder begründen Sie, warum Sie ihn einfach ignoriert haben.«

217. Übung
Bitte schließen Sie jetzt dieses Buch oder legen Sie es zur Seite, und schreiben Sie mit eigenen Worten nieder, wie die positiven wie negativen Ziele der Alternativappelle aussehen.

Schreiben Sie auf einem separaten Blatt Papier jeweils drei positive und drei negative Alternativformulierungen durch Appelle auf!

Suggestivappelle
Suggestive Formulierungen zielen darauf ab, jemandem etwas vorzugeben oder bewusst, ohne dass es dem Gegenüber bewusst wird, etwas einzureden. Andererseits können suggestive Formulierungen darauf abzielen, einen den Tatsachen oder Fakten widersprechenden Eindruck zu hinterlassen.

Es ist der Versuch, dem Gesprächspartner die Beeinflussung zu einem vorgegebenen Ziel aufzudrücken – beruhend auf einer starken physischen oder emotionalen, selten körperlich-bedrohenden Einflussausübung.

Die *positive Zielsetzung* der Suggestivappelle besteht darin, eine bereits vorgefasste Antwort, die aus dem Gesprächsverlauf erwächst, nochmals im Interesse der Gesprächspartner zu verstärken. Normalerweise setzen Sie dabei einen allgemeinen konsensorientierten Wertekanon voraus oder appellieren an den gemeinsamen Ansatz, basieren auf gesundem Menschenverstand oder betonen suggerierend, festlegend/vorgebend eine gemeinsame Basis.

Negative Zielsetzungen bei Suggestivappellen ergeben sich bei dramaturgischer Beschleunigung des Gesprächsablaufs, sind geprägt von unzutreffenden Unterstelllungen, fehlgeschlossenen Annahmen, unzulässigen Verallgemeinerungen oder überspitzenden Übertreibungen. Aggressive Formulierungen, manipulative Vorgaben sind die Regel.

Auch kann es Ziel sein, die Antwort trotz Vorgabe der Antwortrichtung auf jeden Fall abzurufen und damit den Gesprächspartner auf einen gemeinsamen Punkt mit seinem Einverständnis oder trotz seines Einverständnisses zu steuern.

Suggestivmerkmale sind beispielsweise die Worte *also, oder, etwa nicht, doch, selbst, auch.*

Beispiele:

Positiv: »Bitte bestätigen Sie mir nochmals, dass wir uns einig darüber sind, die Produktionsstätte zu verlagern!«

Positiv: »Bitte stimmen Sie beim Thema ›rauchfreie Zone‹ dem Konsens zu!«

Negativ: »Sprechen Sie sich ruhig gegen die Mitarbeiterwünsche aus!«

Negativ: »Legen Sie nun ruhig Ihr Glaubensbekenntnis ab, auch wenn es hier um Wissen geht!«

218. Übung

Bitte schließen Sie jetzt dieses Buch oder legen Sie es zur Seite, und schreiben Sie mit eigenen Worten nieder, wie die positiven wie negativen Ziele der Suggestivappelle aussehen.

Schreiben Sie auf einem separaten Blatt Papier jeweils drei positive und drei negative Suggestivappelle auf!

Fang-/Indizienappelle

Als Appelle sind sie verdecktes Aufrufen von Anzeichen oder Anzeigen, Hinweisen oder Umständen, die mit großer Wahrscheinlichkeit auf bestimmte Fakten oder Täterschaften schließen lassen und die sich dann im Rückschluss ergeben.

Ihre fast immer *negative Zielsetzung* besteht darin, ein anderes als das scheinbar vordergründige Informationsziel zu erreichen.

Der Gesprächspartner verschleiert dabei häufig, dass er im Thema bereits mehr Informationen hat, als seine Appelle scheinbar erkennen lassen.

Als Fallensteller legt er es deshalb bewusst darauf an, eine Antwort zu erhalten, um dann die Überraschung zur Schau zu stellen – wobei er mit der Antwort rechnet, sie quasi einrechnet.

So hat er beispielsweise gesehen, dass Sie von einem Fahrer abgesetzt wurden, scheinheilig fragt er aber dennoch: »Mich wundert ja nicht, wenn sich viele Möchtegernmanager von Chauffeuren in der Gegend herumkutschieren lassen, um ihren Status zur Schau zu stellen. Als vernünftiger Mensch bestätigen Sie das nun doch auch einmal!«

»–!?«

219. Übung

Bitte schließen Sie jetzt dieses Buch oder legen Sie es zur Seite, und schreiben Sie mit eigenen Worten nieder, wie die negativen Ziele der Indizienappelle aussehen.

Aber vielleicht fallen Ihnen auch Beispiele für positive Indizienappelle ein. Vergessen Sie nicht, mir diese unbedingt unter *www.dr-bredemeier.de* mitzuteilen.

Schreiben Sie auf einem separaten Blatt Papier in diesem Fall drei negative Appelle auf!

Rhetorische Appelle

Rhetorische Appelle sind Appelle, die nur zum Schein gestellt werden, allerdings keiner Antwort bedürfen. Ihr Duktus ist stilistisch, ihr Einsatz pure Rhetorik, ihr Inhalt phrasenhaft, sie tönen schönrednerisch und häufig überflüssig zugleich.

Die *positive Zielsetzung* der rhetorischen Appelle besteht darin, dass eine verklärte, mehrdeutige oder vernebelnde Antwort durch die wiederholte Aussage deutlich unterstrichen werden soll.

- Im Gegensatz zu Suggestivappellen erübrigt sich die Antwort.
- Rhetorische Appelle überspitzen und verdeutlichen bereits Gesagtes.

Die *negative Zielsetzung* der rhetorischen Appelle ist eine zynische oder provokative Festschreibung, die ein peinliches Berührtsein nach sich zieht oder eine Lächerlichkeit nochmals verstärkt. Es sind Aussagen, die quasi Ausrufezeichen wie auch Fragezeichen nach sich ziehen.

Beispiele:

Positiv: »Folglich müssen Sie protestieren!«

Positiv: »Denken wir also einmal darüber nach!«

Positiv: »Kein Wunder, steigen Sie auf die Barrikaden!«

Negativ: »Sagen Sie uns, wie man nur so blöd sein kann!«
Negativ: »Und rums, ins Fettnäpfchen, reden Sie ruhig weiter!«
Negativ: »Sagen Sie uns: So naiv kann man doch nicht sein?!«

220. Übung

Bitte schließen Sie jetzt dieses Buch oder legen Sie es zur Seite, und schreiben Sie mit eigenen Worten nieder, wie die positiven wie negativen Ziele der rhetorischen Appelle aussehen.

Schreiben Sie auf einem separaten Blatt Papier jeweils drei positive und drei negative rhetorische Appelle auf!

Der Gegenappell

Mit diesem Begriff bezeichnen wir Appelle, die als Reaktion auf vorhergegangene Appelle erfolgen.

Positiv in der Zielsetzung ist der Gegenappell, wenn der Fragende damit

- einen Appell in einen Kontext eingeordnet wissen möchte,
- die Intention eines Appells erschließt,
- den Kontext aufgezeigt sehen will.

Positive Gegenappelle erbitten also die Legitimierung oder Intention eines Appells.

Negative Zielsetzungen ergeben sich zwangsläufig aus dem Gegenappell, wenn Sie der ursprüngliche Appell

- in die Rechtfertigung drängt,
- eine boshafte Unterstellung zur Person, zur Kompetenz oder zu Ihrem Unternehmen aufweist,
- Ihren Stresspegel im Gespräch erhöht.

Es gibt dumme Appelle. Gegenappelle zum Beispiel.

Beispielsweise bei einem Geschäftsführer eines Mittelstandsunternehmens, der – den unterschriftsreifen Vertrag vor sich liegend – den Füllhalter zückt und den Vertrag abschließen will, als der Verkaufsberater den Abschlussappell stellt: »Bitte stellen Sie mir aber noch Ihre offenen Fragen!«

Der Vertrag bleibt unausgefüllt, der Auftrag platzt.

Wer (an der falschen Stelle) appelliert, führt ... zur Irritation.

So dumm kann man nicht sein? Doch, und wir bekommen es sogar immer wieder vermittelt.

Wann also sollte appelliert werden? Dann, wenn ich die mögliche Antwort einkalkuliert habe, vorausahnen kann, wohin das Gespräch driftet. Meine Position muss sich in situ verbessern, keineswegs verschlechtern. Wer also weiß, dass ein Gegenappell die Kritik am Gesagten verschärft, meidet diese Schattenseite und positioniert sich im Gespräch. Er trifft Aussagen.

Doch auch dieses will gelernt sein. Richtige Aussagen als Kehrseite der Appellmedaille sind bewertende Aussagen, beispielsweise in Fall eins: »So, alle Fragen sind geklärt, hier müssen Sie Ihre Unterschrift leisten!«, oder im zweiten Fall: »Nein, das erscheint nur auf den ersten Blick so, aber ... (Positionierung).«

Fragen wie auch Appelle sind und bleiben Führungsinstrumentarium in der Kommunikation, führen allerdings im Gespräch nur dort weiter, wo sie Wissensdefizite ausgleichen; in den seltensten Fällen erweisen sie sich als hilfreich, um Gesprächsdruck abzuwenden. Fatal sind sie als Abfrage.

Erinnern Sie sich an die Kombination von Aussage und Frage, nämlich die Plattformfrage? Gerade in provokativen Interviews erleben wir sie immer wieder, beispielsweise wenn der Journalist (unfair) fragt: »Sie hatten ja damals keine andere Wahl, als Minister zu werden, nachdem Sie als Unternehmer versagt hatten – übrigens: Was verdient denn ein Minister?« Das Frage-Antwort-Muster ist durchschaubar, doch wer auf die Frage einsteigt, lässt die Unterstellung zu. Und das passiert in 90 Prozent der Fälle.

Beispiele:

Positiv: »Bitte begründen Sie Ihre Bitte!«

Negativ: »Erklären Sie Ihre Einsicht, ich wäre inkompetent.«

Negativ: »Das fordern Sie nicht noch einmal!«

Positiv: »Geben Sie mir vorab Ihre Einschätzung bekannt!«

Was lässt sich daraus lernen?

- Gegenappelle sind Gegenappelle und keine optionale Antwort.
- Wiederholte Gegenappelle bringen das Gespräch nicht voran.
- Gegenappelle können als Replik von negativen Appellen Antworten provozieren, die in die falsche Richtung weisen.
- Gegenappelle dienen der Klärung und fordern zur Präzisierung auf.
- Gegenappelle sind dumm, wenn Sie eine Antwort abfordern, die Sie nicht hören wollen oder Ihre Erklärungsnot zeigt oder diese noch vergrößert.

- Gegenappelle bei Negativvorgaben machen nur mit klarer Bewertung Sinn, vertiefen aber dennoch das Negativthema, wie beispielsweise bei diesem Gegenappell: »Begründen Sie Ihre Fehleinschätzung!«

Verzichten Sie deshalb bei Negativthemen auf Gegenappelle und treffen Sie bewertende Aussagen.

Beispiel:
»Erklären Sie uns einmal das negative Image Ihres Unternehmens!«

»Sorry, aber diese Aussage beruht auf einer fehlerhaften Information. Unser Unternehmen genießt die Anerkennung der Wettbewerber, eine sehr hohe Wertschätzung seitens der Kunden und eine extrem positive Unternehmensbewertung aufseiten der Fachpresse – wie ich Ihnen gerne anhand von einigen Beispielen demonstriere oder gerne auch anhand von Medienberichten aufzeige.«

221. Übung
Bitte schließen Sie jetzt dieses Buch oder legen Sie es zur Seite, und geben Sie mit eigenen Worten wieder, wie die positiven und negativen Ziele der Gegenappelle aussehen.

Schreiben Sie auf einem separaten Blatt Papier jeweils drei positive und drei negative Gegenappelle auf, bestimmen Sie dazu den jeweiligen Kontext!

Motivationsappelle
Hier summieren sich in der Aussageform alle möglichen Antriebe und Beweggründe, Motive oder Ursächlichkeiten, die

den Angesprochenen in seinem Handeln oder Tun beeinflussen. Ebenfalls wird das Motiviertsein/die Motivierung selbst vielfach zum Thema oder das Lob zum Leitgedanken der Vorgabe. Es erfolgt in diesen Appellen die Anregung oder Veranlassung zum Tätigwerden oder die Begründung, die eine Reaktion zeitigen soll.

Positive Zielsetzung der Motivationsappelle ist die stärkere Einbeziehung der angesprochenen Gesprächspartner in die Diskussion, eine positive Rollenzuschreibung (»Sie als Experte für Projektmanagement«) oder die Motivation, dass jemand einen Beitrag zum Thema leisten soll.

Die *negativen Zielsetzungen* der Motivationsappelle (»Demotivation«) ergeben sich aus ironischen oder zynischen Zuschreibungen, der Herabsetzung des Gesprächspartners oder der Provokation in spöttischer Motivierung. Ebenfalls möglich sind negative Rollenbelegungen oder (un)beabsichtigte Äußerungen in der Fragestellung, die das Gegenüber als »zu dick aufgetragen« erlebt.

Beispiele:

Positiv: »Sagen Sie uns als ausgewiesener Praktiker zu diesem Ansatz Ihre Meinung!«

Positiv: »Da Sie bereits intensiv auf diesem Fachgebiet gearbeitet haben, bitte ich Sie zu beantworten, mit welcher Gegenreaktion wir bei diesen Maßnahmen zu rechnen haben.«

Positiv: »Da dieses neue Produkt in den Markt schnellstens eingeführt werden muss, appelliere ich an Sie als Marketingprofi, unterstützende Maßnahmen vorzuschlagen!«

Negativ: »Da Ihr letztes Projekt ein klarer Fehlschlag war, bitte ich Sie, uns zu erklären, wie Sie das Projekt denn dieses Mal auf Erfolgskurs bringen wollen.«

Negativ: »Na, jetzt sagen Sie uns, welche Einwände Sie denn nun als unser geschätzter Obercontroller strategisch einbringen!«

222. Übung

Bitte schließen Sie jetzt dieses Buch oder legen Sie es zur Seite, und schreiben Sie mit eigenen Worten nieder, wie die positiven wie negativen Ziele der Motivationsappelle aussehen. Schreiben Sie auf einem separaten Blatt Papier jeweils drei positive und drei negative Motivationsappelle auf!

Schock- und provokative Appelle

Schock- oder provokative Appelle implizieren die Herausforderung oder Aufreizung, Irritation oder Veranlassung zu einer plötzlichen und unerwarteten, unbedachten und spontanen Reaktion.

Provokationen mit Humor gewürzt sind ein wichtiges therapeutisches Instrumentarium.

Ihre *positive Zielsetzung* ergibt sich aus dem Aufbrechen festgefahrener Diskussionen, der spontan-überraschenden Ansprache des Gegenübers und dem plötzlich eingeleiteten Perspektivenwechsel. Irritierend ist auch die humoristische Betrachtung eines Themas, die das vorangegangene Gespräch auflockert und Spannungen glättet.

Die *negativen Zielsetzungen* weisen persönliche Attacken, provozierende Aussagen oder die deutliche Verletzung der

Gesprächshöflichkeit auf. Statt Fingerspitzengefühl erfolgt der verbale, appellative Holzhammer.

Beispiele:
Positiv: »Nun mal offen, es ist doch lächerlich, dass wir uns jetzt schon über diese Peanuts streiten.«

Positiv: »Wechseln wir doch einmal die Rolle, bewerten Sie einmal aus der Rolle des Wettbewerbers unsere Neuausrichtung!«

Positiv: »Jetzt diskutieren wir bereits seit drei Stunden über eventuelle Lieferschwierigkeiten, schlagen Sie bitte eine Lösung vor.«

Negativ: »Sie schwärmen für die technische Ausstattung der PCs, beweisen Sie, dass Sie mehr können als den Stecker in die vorbezeichnete Dose einführen.«

Negativ: »Köstlich, Sie plädieren für weibliche Führungskräfte; sagen Sie doch gleich, dass Sie privat das andere Geschlecht bevorzugen!«

Negativ: »Stimmen Sie für die schnelle Neueinführung des Produkts, schließlich bekommen Sie die alten Produkte nicht mehr verkauft.«

223. Übung
Bitte schließen Sie jetzt dieses Buch oder legen Sie es zur Seite, und schreiben Sie mit eigenen Worten nieder, wie die positiven und negativen Ziele dieser appellativen Technik aussehen!

Schreiben Sie auf einem separaten Blatt Papier jeweils drei positive und drei negative provokative Appelle auf!

Kontroll- oder Bestätigungsappelle

Diese Appelle dienen der Kontrolle von erreichten Gesprächspunkten oder -zielen, ihrer Bejahung oder Bestätigung/Affirmation.

Die *positive Zielsetzung* der Kontroll- bzw. Bestätigungsappelle besteht darin, einen Konsens über behandelte Themenkomplexe oder erreichte Zwischenschritte festzuhalten und allen Gesprächsteilnehmern nochmals bewusst zu machen.

Die *negative Zielsetzung* bildet sich bei kontrovers ablaufenden Gesprächen dann aus, wenn man den Gesprächspartner schrittweise zu einer Zustimmung bewegen will, wo seine Gegenposition deutlich ist. Akzeptiert er die Gesamtheit der Aussagen nicht, lässt man ihn zu Einzelaussagen abnicken.

Beispiele:

Positiv: »*Akzeptieren* Sie diese Änderung!« – »Ja.«

Positiv: »*Vertagen* wir dieses Thema.« – »Ja!«

Positiv: »*Erklären* Sie Ihr Einverständnis!« – »Ja.«

Negativ: »*Begründen* Sie Ihre negative Einstellung!«

Negativ: »Das Ergebnis irritiert Sie. *Akzeptieren* Sie aber die vorliegenden Fakten.« »Ja.«

Negativ: »Sie waren bei der Evaluierung dabei, *lehnen* Sie ruhig jetzt nachträglich die Methode *ab.*«

224. Übung

Bitte schließen Sie jetzt dieses Buch oder legen Sie es zur Seite, und schreiben Sie mit eigenen Worten nieder, wie die positiven wie negativen Ziele dieser Appelltechnik aussehen.

Schreiben Sie auf einem separaten Blatt Papier jeweils drei positive und drei negative Kontroll- und Bestätigungsappelle auf!

Sokratische Appelle (Ja-Appell-Straße)
Diese Appelle gehören in die Philosophie (Sokratik) des Philosophen Sokrates, der in seinem Unterrichtsverfahren die Schüler und Gesprächspartner durch geschickte Fragen und die darauf erfolgten Antworten selbst zu der maßgeblichen Erkenntnis kommen ließ.

Wir ersetzen allerdings die Fragen jetzt durch Appelle. Bekam Sokrates doch den Schierlingsbecher ...

Der zur Antwort aufgeforderte Gesprächspartner erschließt seine Erkenntnis also durch den Prozess des Antwortgebens, gewinnt somit an ihm vorher nicht zugängliche Einsicht oder manövriert sich durch die Antworten in eine Position, die letztlich nur noch eine – folgerichtige – Antwort zulässt.

Die *positive Zielsetzung* der sokratischen Appelle, der Ja-Appell-Straße, besteht darin, dass der Befragte sich in seinen Antworten eine Einsicht erschließt, die zuvor verborgen, aber doch latent vorhanden war, eine Ansicht und Erkenntnis, mit der er sehr gut leben kann und die seinen Werten und Normen sowie seiner Vorstellungswelt entspricht.

Die *negative Zielsetzung* der sokratischen Appelle, der Ja-Appell-Straße, besteht darin, durch Appelle, die der andere wertneutral empfindet, ihn ins intellektuelle oder verbale Aus zu stellen und ihn letztlich mit dem Kernappell, der sich aus kontextuell verknüpften Appellen ergibt, »abzuschießen«.

Beispiele:

Positiv: »Bestätigen Sie zunächst einmal, dass der Teamerfolg am Einzelnen ebenso hängt.« – »Ja.«

»Bekunden Sie Ihr Interesse am Wohlergehen der Firma!« – »Ja.«

»Sie sind sich bewusst, dass jetzt als Solidarbeitrag unbezahlte Überstunden notwendig sind!« – »Ja.«

Negativ: »Sie wissen, dass der Herr Müller geistig total abgebaut hat!« – »Ja.«

»Machen Sie sich bitte klar, dass er sich manchmal gebärdet wie ein Kind!« – »Ja.«

»Bestätigen Sie bitte, dass dieser Abbau ein schleichender Prozess war.« – »Ja!«

»Es fing übrigens bei ihm mit etwa Mitte 40 an, aber er selber hat es gar nicht registriert. Bitte bestätigen Sie es uns!« – »Ja.«

»Sie wissen auch, dass Leute ab 40 total abbauen, es aber nicht merken. Sie sind jetzt 43, bestätigen Sie bitte Ihr gutes Gefühl.« »–«

Trösten Sie sich: Ob negativ oder positiv, die meisten Ja-Appell-Straßen sind verbal so ausgebaut oder geschwindigkeitsbeschränkt, dass es in der Praxis nur sehr selten funktioniert, einen Gesprächspartner so lange zu führen ... und dann noch die bereits geplante Antwort abzuholen.

225. Übung

Bitte schließen Sie jetzt dieses Buch oder legen Sie es zur Seite, und schreiben Sie mit eigenen Worten nieder, wie die positiven wie negativen Ziele dieser Appelltechnik aussehen.

Schreiben Sie auf einem separaten Blatt Papier jeweils drei positive und drei negative Beispiele auf!

Karikierende, überspitzende Appelle

Karikierende Appelle sind komisch, übertreibend, überspitzend. In der humoristischen oder satirischen Hervorhebung sich erschließender Charakteristika geben sie Aussageinhalte der Lächerlichkeit oder einer Konturenschärfe preis.

Positive Zielsetzung der karikierenden Appelle ist es, eine getätigte Aussage durch überspitzende Nachfragen durch den Gesprächspartner präzisieren oder ergänzen zu lassen.

Die *negative Zielsetzung* dieses Appells besteht darin, durch ironische, zynische oder sarkastische Äußerungen die Aussagen des Gegenübers der Lächerlichkeit anheimzustellen.

Beispiele:

Positiv: »Sie sagten, wir können aus der Geschichte lernen – zeigen Sie, dass wir es gelernt haben!«

Positiv: »Es hat sich in den neuen Bundesländern und für die dort beheimateten Einwohner sehr viel geändert, sagen Sie zu Recht, bestätigen Sie, dass es so ist!«

Negativ: »Sie sagten, wir können aus der Geschichte lernen – differenzieren Sie bitte, ob wir ›nur‹ können oder ob wir ›sogar‹ gelernt haben!«

Negativ: »Es hat sich in den neuen Bundesländern und für die dort beheimateten Einwohner sehr viel geändert, sagen Sie zu Recht, begründen Sie bitte, warum sich die Bürger selber nicht geändert haben.«

Negativ: »Es hat sich in den neuen Bundesländern und für die dort beheimateten Einwohner sehr viel geändert, sagen Sie, jetzt tun Sie nicht so, als ob das nicht dringend nötig gewesen wäre!«

226. Übung

Bitte schließen Sie jetzt dieses Buch oder legen Sie es zur Seite, und schreiben Sie mit eigenen Worten nieder, wie die positiven wie negativen Ziele dieser Appelltechnik aussehen.

Schreiben Sie auf einem separaten Blatt Papier jeweils drei positive und drei negative Appelle auf!

Konkretisierungsappelle

Konkretion ist die nähere Bestimmung oder Verdeutlichung von Sachverhalten oder Emotionen mittels vertiefender Appelle.

Typische Formulierungen sind durch Wörter wie »beispielsweise«, »genau«, »konkret« oder auch »im Einzelnen« geprägt.

Ihr *positives Ziel* besteht darin, eine vorher getätigte Aussage zu konkretisieren, greifbar zu machen oder die resultierende Konsequenz aufzuzeigen.

Das *negative Ziel* der Konkretisierungappelle besteht darin, aufzuzeigen, dass der Gesprächspartner in seinen Aussagen nur bedingt die Auswirkungen und Konsequenzen seiner Gedanken überschaut oder bedacht hat – oder aufzuzeigen, dass das Gegenüber herumschwafelt.

Beispiele:

Positiv: »Sie sprachen von ›geistiger Freiheit bei materieller Armut‹ – bitte erklären Sie konkret diese Aussage.«

Positiv: »Bringen Sie freundlicherweise ein Beispiel!«

Positiv: »Definieren Sie bitte genau ›soziale Gerechtigkeit‹!«

Negativ: »Sie sprachen von ›geistiger Freiheit bei materieller Armut‹ – lösen Sie in der Praxis dieses theoretische Paradoxon auf!«

Negativ: »Bringen Sie endlich einmal den Punkt, um den es Ihnen letztlich geht!«

Negativ: »Bitte füllen Sie diese Allerweltsformel ›soziale Gerechtigkeit‹ inhaltlich!«

Negativ: »Bitte Butter bei die Fische: Konkretisieren Sie Ihre Aussage!«

227. Übung

Bitte schließen Sie jetzt dieses Buch oder legen Sie es zur Seite, und schreiben Sie mit eigenen Worten nieder, wie die positiven wie negativen Ziele dieser Appelltechnik aussehen.

Schreiben Sie auf einem separaten Blatt Papier jeweils drei positive und drei negative Appelle auf!

Introspektions- und Einschätzungsappelle

Diese Appelle setzen die Selbstbeobachtung oder das Bewerten und die Preisgabe seelischer wie emotionaler Vorgänge voraus. Es ist erfragte psychologische Selbsterkenntnis des Befragten oder eine emotionale Öffnung.

Zugleich verbindet sich mit diesen Appellen die Absicht, persönliche Einschätzungen, Hypothesen oder Meinungen abzurufen.

Die *positive Zielsetzung* zeichnet sich dabei durch wertneutrale Formulierungen aus, vermeidet im Interesse des

Gesprächspartners die suggestive Vorgabe oder jegliche Unterstellung, die wiederum dann das Merkmal der *negativen Zielsetzung* offenbart.

Beispiele:

Positiv: »Beurteilen Sie persönlich einmal diese Strategie!«

Positiv: »Schätzen Sie den Verlauf der Projektsitzung ein!«

Positiv: »Beschreiben Sie aus Ihrer Sicht das Zumutbare für die Bevölkerung!«

Negativ: »Bewerten Sie persönlich Ihren Misserfolg im Projekt!«

Negativ: »Erklären Sie Ihre katastrophale Moderation!«

Negativ: »Beurteilen Sie als Wahlverlierer Ihren Gegenkandidaten!«

228. Übung

Bitte schließen Sie jetzt dieses Buch oder legen Sie es zur Seite, und schreiben Sie mit eigenen Worten nieder, wie die positiven wie negativen Ziele dieser Appelltechnik aussehen.

Schreiben Sie auf einem separaten Blatt Papier jeweils drei positive und drei negative Appelle auf!

Faktizierende oder W-Appelle (Informationsappelle)

Diese Appellgattung füllt Wissensdefizite auf und erschließt Fakten bzw. Informationen durch direkte Appelle an die Vermittlung von Sachverhalten. W-Appelle schaffen Fakten.

Im Gegensatz zum Introspektionsappell oder zum Einschätzungsappell bleiben dabei die Denkansätze, Gefühle oder Meinungen der angesprochenen Personen ausgeklammert, es geht um eine reine »Wissensrecherche«, die rein sachlich ansetzt.

Positives Ziel ist die Faktizierung, das »Faktenschaffen« durch Nachfassen beim Gegenüber. Dabei verfügt der Appellgeber über diese Information nicht oder zumindest nicht mit »absoluter/relativer Sicherheit« und lässt sich für den besprochenen Kontext diese Information legitimieren.

Negatives Ziel ist das Abrufen von Inhalten, die dem Appellierenden bekannt sind oder wo er vorher durch Vorgaben genaue Plattformen schafft, die es dem Befragten fast unmöglich machen, eine zureichende Antwort zu geben.

Beispiele:

Positiv: »Bitte schildern Sie kurz Ihren Werdegang.«

Positiv: »Als Gärtner muss ich Sie jetzt einmal bitten: Nennen Sie den Namen dieser Blume!«

Positiv: »Entschuldigung, skizzieren Sie mir bitte den Weg zum Bahnhof!«

Negativ: »Als Bundesbürger ist für Sie das Grundgesetz maßgeblich. Geben Sie einmal Artikel 5 wieder!«

Negativ: »Sagen Sie uns das griechische Wort für ›Reinigung‹!«

Negativ: »Benennen Sie die letzte Ureinwohnerin von Tasmanien und das Todesjahr!«

229. Übung

Bitte schließen Sie jetzt dieses Buch oder legen Sie es zur Seite, und schreiben Sie mit eigenen Worten nieder, wie die positiven wie negativen Ziele dieser Appelltechnik aussehen.

Schreiben Sie auf einem separaten Blatt Papier jeweils drei positive und drei negative Appelle auf!

Erzählungs- und Erlebnisappelle

Diese Appelle erfordern das Einnehmen der Erzählerrolle oder die Rolle eines außenstehenden Betrachters in der Schilderung von Abläufen oder Ereignissen.

Der Anteil der subjektiven Perspektivenschilderung ist gewollt, die persönliche Identifikation gefordert.

Ihre *positive Zielsetzung* kennzeichnet die Reflexion von Ereignissen oder eine Rekonstruktion von Geschehnissen aus der Perspektive des Beteiligten oder Anwesenden.

Die *negative Zielsetzung* weist suggestive, persönlich-rechtfertigende Formulierungen aus.

Beispiele:

Positiv: »Sie lebten zwei Jahre in Kolumbien – *beschreiben* Sie Ihre Erlebnisse!«

Positiv: »*Wiederholen* Sie den Ablauf der Betriebsfeier!«

Positiv: »*Schildern* Sie den Unfall aus Ihrer Sicht!«

Negativ: »*Beschreiben* Sie uns die Verursachung Ihres Unfalls.«

Negativ: »*Erzählen* Sie uns doch bitte, wie Sie die Kontrolle verloren haben!«

Negativ: »*Schildern* Sie uns Ihre Empfindungen beim Gipfelaufstieg, da Sie doch bereits wussten, dass Ihr Wettbewerber bereits oben angekommen war.«

230. Übung

Bitte schließen Sie jetzt dieses Buch oder legen Sie es zur Seite, und schreiben Sie mit eigenen Worten nieder, wie die positiven wie negativen Ziele dieser Appelltechnik aussehen.

Schreiben Sie auf einem separaten Blatt Papier jeweils drei positive und drei negative Appelle auf!

Szenario-Appelle

Mit szenarisch entworfenen Appellen möchte der Gesprächsführende ein hypothetisches Aufeinanderfolgen von fiktiven oder konstruierten Ereignissen aufbauen. Es wird ein gedachtes Bild oder Ambiente gezeichnet, welches mit der Realität nichts zu tun hat und den Betrachter aus dieser löst.

Typische Wörter zur Einleitung sind »Nehmen wir einmal an ...«, »Stellen Sie sich einmal vor ...«, seltener und weniger wirkungsvoll sind temporale oder modale Konjunktionen wie »sofern«, »wenn«, »gesetzt den Fall, dass ...«.

Im Gegensatz zu den faktizierenden Appellen zielt der *positive Ansatz* der Szenario-Appelle auf das Auflösen von Sperren oder Blockaden (therapeutisch) oder auf die Aufforderung, einen Sichtwechsel vorzunehmen, um eine andere Einschätzung einer Sachlage oder Person zu erhalten.

Die *negative Intention* verleitet zur Spekulation, wo der Befragte sich durch seine Antworten »in die Nesseln« setzt oder hinsichtlich anderer Personen Negativurteile fällt.

Beispiele:
Positiv: »Nehmen wir einmal an, wir bestellen 500 Exemplare dieses Buches, bitte kalkulieren Sie den Mengenrabatt!«

Positiv: »Stellen Sie sich vor, wir akzeptieren Ihre Bedingung, bitte nennen Sie den für Sie besten Antrittstermin.«

Positiv: »Angenommen, eine weitere Finanzierung des Projektes wäre nötig, bitte schlagen Sie uns Ihre Argumente vor!«

Negativ: »Stellen Sie sich vor, Sie wären Geschäftsführer: Benennen Sie die auszutauschenden Bereichsleiter!«

Negativ: »Nehmen wir einmal an, Sie könnten sich exzessiv ausleben, beschreiben Sie die Folgen!«

Negativ: »Gesetzt den Fall, Sie ständen nochmals vor dieser Entscheidung, die zu fatalen Fehlern führte, bitte führen Sie uns die Auswirkungen vor Augen!«

231. Übung
Bitte schließen Sie jetzt dieses Buch oder legen Sie es zur Seite, und schreiben Sie mit eigenen Worten nieder, wie die positiven wie negativen Ziele dieser Appelltechnik aussehen.

Schreiben Sie auf einem separaten Blatt Papier jeweils drei positive und drei negative Appelle auf!

Determinations- und Definitionsappelle
Die Determinations-/Definitionsappelle erfordern die Einengung eines bestimmten Begriffs, die Festlegung durch sprachliche Präzisierung, Zuordnung von Aussagen oder eine inhaltsbezogene Eingrenzung. Zugleich kann damit auch die Übersetzung eines Fachbegriffs in unsere Umgangsspra-

che abgerufen werden. Definitionsappelle fordern vom Gesprächspartner eine genaue Bestimmung eines Wortes durch präzise Auseinandersetzung oder Darlegung des Inhalts und Umschreibung desselben.

Die *positive Zielsetzung* besteht darin, eine inhaltliche Präzisierung von schwammigen Aussagen oder vieldeutigen Angaben zu erhalten.

Die *negative Zielsetzung* weist den Ansatz auf, genaue Definitionen abzurufen.

Beispiele:

Positiv: »Definieren Sie Kriterien zur Bewertung.«

Positiv: »Setzen Sie die Rahmenbedingungen für dieses Projekt!«

Positiv: »Bitte erklären Sie Ihr Verständnis von ›Missmanagement‹!«

Negativ: »Projektmanagement ist klar nach IS=051 definiert, geben Sie diese Definition wieder!«

Negativ: »Sie umschreiben Gewissen, definieren Sie es bitte einmal genau!«

Negativ: »Benennen Sie den Begriff ›Verantwortung‹ nach Hans Jonas.«

232. Übung

Bitte schließen Sie jetzt dieses Buch oder legen Sie es zur Seite, und schreiben Sie mit eigenen Worten nieder, wie die positiven wie negativen Ziele dieser Appelltechnik aussehen.

Schreiben Sie auf einem separaten Blatt Papier jeweils drei positive und drei negative Appelle auf!

Verständnisappelle (offene Appelle, Du-Bezogenheit)
Diese Appelle erbitten vom Gegenüber eine weitergehende Erläuterung oder Erklärung zum Gesagten, eine Einordnung oder eine Schlussfolgerung.

Ihre Zielsetzung ist die Gesprächsabgabe an den Partner oder Mitdiskutanten. Dieser erhält die Gesprächsführung angeboten – im Gegensatz zu geschlossenen Interpretationsappellen.

Beispiele:
»Bitte beschreiben Sie die Folgen für unsere Vertragsverhandlungen!«

»Legen Sie Ihre Schlussfolgerungen dar!«

»Bitte skizzieren Sie den weiteren Prozessverlauf!«

233. Übung
Bitte schließen Sie jetzt dieses Buch oder legen Sie es zur Seite, und schreiben Sie mit eigenen Worten nieder, wie die Ziele dieser Appelltechnik aussehen.

Schreiben Sie auf einem separaten Blatt Papier drei Appelle auf!

Interpretationsappelle (geschlossene Appelle)
Diese Appelle erbitten vom Gesprächspartner eine Zustimmung zu einer Auslegung, einer gedeuteten Ausführung, Zustimmung zu einer Erläuterung oder eine Erklärung des Gesagten.

Ihr Ziel besteht in einer Resümierung, die das Gegenüber bestätigen oder verneinen, verifizieren oder falsifizieren soll.

Diese geschlossenen Appelle stehen im Gegensatz zum (offenen) Verständnisappell, der Gesprächsführende behält dabei das Wort.

Beispiele:

»Bitte ratifizieren wir zuerst den Vertrag!«

»Bitte initiieren Sie den Veränderungsprozess!«

»Bitte übernehmen Sie den Auftrag zur Selektion der Berater!«

234. Übung

Bitte schließen Sie jetzt dieses Buch oder legen Sie es zur Seite, und schreiben Sie mit eigenen Worten nieder, wie die Ziele dieser Appelltechnik aussehen.

Schreiben Sie auf einem separaten Blatt Papier drei Appelle auf!

Plattformappelle

Eine ausgeprägte journalistische, jetzt jedoch abgewandelte Frageform, die neben dem Appell eine Feststellung oder Unterstellung enthält, aber durch die Erweiterung der Aussage um einen Appell den Fokus auf die Beantwortung derselben lenkt. Somit werden Festschreibungen im Gespräch getätigt, die Diskussion wird aber auf die Appellinhalte gelenkt. Je weiter Aussage und Appell auseinanderklaffen, desto schwieriger ist es für uns, erst die Aussage zu überprüfen und damit zu legitimieren.

Die *positive Zielsetzung* des Plattformappells besteht in der Festschreibung von Positivinhalten, ähnlich wie beim Motivationsappell. Der Appell erhöht deshalb das Thema.

Die *negative Zielsetzung* des Plattformappells ist die Verankerung von Negativaussagen, wobei der anschließende Appell einen anderen Inhalt thematisiert.

Beispiele:
Positiv: »Sie sind Experte für Projektmanagement. Bitte bestätigen Sie, dass alle wichtigen Kriterien berücksichtigt sind.«

Positiv: »Sie hatten bereits vorhin wichtige Punkte für den Prozessverlauf betont, bitte erörtern Sie offen stehende Punkte.«

Positiv: »Kommunikation ist Ihr Spezialgebiet. Erläutern Sie bitte nochmals Ihre Qualifikationen.«

Negativ: »Kommunikation ist ja leider nicht Ihr Thema, sagen Sie einfach: Ja!«

Negativ: »In diesem Thema sind Sie ja leider nicht bewandert, machen Sie dennoch Ihre Anmerkungen …«

Negativ: »Projekte haben Sie ja bereits einige in den Sand gesetzt, beschreiben Sie dennoch Ihre Ansätze für das neue Projekt!«

235. Übung
Bitte schließen Sie jetzt dieses Buch oder legen Sie es zur Seite, und schreiben Sie mit eigenen Worten nieder, wie die positiven wie negativen Ziele dieser Appelltechnik aussehen.

Schreiben Sie auf einem separaten Blatt Papier jeweils drei positive und drei negative Appelle auf!

Filterappelle
Diese Appelle filtrieren oder selektieren Bestandteile eines Themas und fokussieren auf einen bestimmten Ansatz, einen

Aspekt oder eine Aussage. Es sind inhaltliche Eingrenzungen eines Themenkomplexes.

Positive Zielsetzung der Filterappelle ist eine enge Gesprächsführung durch den Führenden und zugleich die Unterbindung von Geschwafel und langatmiger Ausdrucksweise.

Negative Zielsetzung ist bei den Filterappellen eine einengende Gesprächsführung, die dem Gegenüber keinen Raum für eine sprecherische Entfaltung gibt.

Beispiele:

Positiv: »Natürlich sind sowohl Ihr Werdegang als auch das Hier und Jetzt interessant, beschränken wir uns jedoch auf das Heute – formulieren Sie Ihr jetziges Tätigkeitsfeld.«

Positiv: »Natürlich gibt es verschiedene interessante Aspekte im Projektverlauf, benennen Sie bitte den wichtigsten Einschnitt!«

Positiv: »Sie haben ja bereits viele Interviewpartner vor dem Mikrofon gehabt, sagen Sie uns, wer Sie am meisten beeindruckt hat!«

Negativ: »Natürlich möchten Sie jetzt am liebsten Ihren kompletten Werdegang schildern, beschränken wir uns jedoch auf das Heute, nennen Sie Ihre jetzige Funktion!«

Negativ: »Ja, ja, natürlich gibt es verschiedene Projektphasen, die alle reizvoll sind, benennen Sie jedoch den entscheidenden Punkt.«

Negativ: »Ja, verstanden, dass Sie bereits viele interessante Gesprächspartner vor der Kamera hatten, aber jetzt nennen Sie einmal einen Namen, den wir kennen.«

236. Übung

Bitte schließen Sie jetzt dieses Buch oder legen Sie es zur Seite, und schreiben Sie mit eigenen Worten nieder, wie die positiven wie negativen Ziele dieser Appelltechnik aussehen.

Schreiben Sie auf einem separaten Blatt Papier jeweils drei positive und drei negative Appelle auf!

Affirmationsappelle

Diese Appelle stellen durch ihre hinterfragenden oder auffordernden Bestätigungen Gesagtes infrage oder fordern zum Ausführen der Gedankengänge auf.

Es sind – böse gesagt – in Worte gekleidete soziale Geräusche, die zum Erläutern oder zur Rechtfertigung nötigen, wobei schon der Tonfall der Frage zwischen Skepsis und positivem Erstaunen unterscheiden lässt.

Positive Zielsetzung dieser Affirmationsappelle ist das Weitererzählen des Gesprächspartners, ihn am Reden zu halten.

Negative Zielsetzung ist ein spöttisches Kommentieren des Gesagten.

Beispiele:

Positiv: »Erzählen Sie!«

Positiv: »Nein!«

Positiv: »Woww!!«

Negativ: (spöttisch) »Toll!!!«

Negativ: »Ja!!«

Negativ: »Weiter!!!« (gähn)

237. Übung

Bitte schließen Sie jetzt dieses Buch oder legen Sie es zur Seite, und schreiben Sie mit eigenen Worten nieder, wie die positiven wie negativen Ziele dieser Appelltechnik aussehen.

Schreiben Sie auf einem separaten Blatt Papier jeweils drei positive und drei negative Appelle auf!

Psychologisierende Appelle

Die Psychologie ist die Lehre von der Seele, den seelischen Zuständen und Erfahrungen.

Also fragen psychologisierende Appelle das Erfahren bewusster oder unbewusster, unter- oder mitbewusster Handlungen und Verhaltensausprägungen ab. Sie erfordern die Beschreibung von Wirkungen und deren Ursachen, bitten um die Beschreibung der persönlichen Reaktionsweisen oder die Erklärung von Verhaltensveränderung.

Positive Zielsetzung dieser Appellform ist eine Emotionalisierung des Gesagten, die Anreicherung des Gespräches mit emotionalen Erfahrungen, Schilderung von Erlebtem oder ähnlich emotional besetzten Zuständen.

Negative Zielsetzung ist eine bewusste Emotionalisierung des Gesprächspartners, um eine weitergehende Rechtfertigung zu bewirken.

Beispiele:

Positiv: »Beschreiben Sie die erlebte Situation!«

Positiv: »Schildern Sie uns das Erlebnis.«

Positiv: »Machen Sie uns diesen Moment verständlich!«

Negativ: »Sie hatten also das Projekt versenkt, beschreiben Sie uns die Reaktion der Mitarbeiter!«

Negativ: »Sie wurden damals rausgeschmissen, vollziehen Sie Ihre Gefühle noch einmal nach!«

Negativ: »10 Millionen Euro auf dem Konto – und die Freundin verlässt dich, erkläre mir den Widerspruch!«

238. Übung

Bitte schließen Sie jetzt dieses Buch oder legen Sie es zur Seite, und schreiben Sie mit eigenen Worten nieder, wie die positiven wie negativen Ziele dieser Appelltechnik aussehen.

Schreiben Sie auf einem separaten Blatt Papier jeweils drei positive und drei negative Appelle auf!

Differenzierungsappelle

Differenzierungs- oder Unterscheidungsappelle erbitten beim Gesprächspartner die saubere, genaue Trennung, eine Unterscheidung im Detail zwischen zwei oder mehreren ähnlich verwendeten, gleichgesetzten oder verwechselbaren Begriffen, Fachausdrücken oder Worten. Die Vielschichtigkeit der Sprache und die Einzelheiten der sprachlichen Verwendung von Worten wird zum Thema gemacht. Die offene Appellform unterscheidet sich von den Definitionsappellen dadurch, dass hier die Umschreibung oder Erklärung ausreicht, während Definitionen punktgenau abgerufen werden.

Ihr *positives Ziel* besteht in der Begriffsklärung,

Der *negative Ansatz* macht sich an der Abfrage fest, die von einem Laien manchmal nur schwer zu beantworten ist.

Beispiele:

Positiv: »Sie sprachen von ›dem Unternehmer‹ – klären Sie uns über die Unterscheidungsnotwendigkeiten auf!«

Positiv: »Skizzieren Sie die besonderen Formen der Kultur, Herr Professor Müller!«

Positiv: »Als Psychiater unterscheiden Sie Schizophrenie und Paranoia – begründen Sie diese Unterscheidung!«

Negativ: »Wette, dass Sie die drei entscheidenden Kriterien, die Paranoia von Schizophrenie unterscheiden, nicht kennen, versuchen Sie sich trotzdem!«

Negativ: »Es gibt 250 Gewissensdefinitionen, determinieren Sie denn wenigstens die von beispielsweise Hannah Arendt und Immanuel Kant!«

239. Übung

Bitte schließen Sie jetzt dieses Buch oder legen Sie es zur Seite, und schreiben Sie mit eigenen Worten nieder, wie die positiven wie negativen Ziele dieser Appelltechnik aussehen.

Schreiben Sie auf einem separaten Blatt Papier jeweils drei positive und drei negative Appelle auf!

Kognitions- und Reflexionsappelle

Die Kognitions- und Reflexionsappelle sind solche, die ausgesagte Erkenntnisse oder beschriebene Wahrnehmungen nochmals aufnehmen bzw. zur Reflexion des Gesagten einladen und eine Bewertung abrufen. Sie spiegeln die Aussagen zurück, bitten darum, Aussagen zu überdenken oder die Schlussfolgerungen, die aus diesen erwachsen könnten, zu überprüfen. Zugleich signalisieren Sie ein besonderes Interesse an der Vertiefung des Thematisierten.

Die *positive Zielsetzung* besteht darin, die Reflexion wertneutral zu veranlassen.

Die *negative Zielsetzung* erweist sich durch offene Konfrontation oder deutliche Bewertung des Themas.

Beispiele:

Positiv: »Erörtern Sie im Gesetzestext die sich ergebenden Lücken!«

Positiv: »Begründen Sie, wodurch dieser Gesetzesentwurf die Vorkommnisse abstellt!«

Negativ: »Reflektieren Sie die rechtsextremistische Deutung!«

Negativ: »Klären Sie uns über die entstehenden Folgen für die Erben auf!«

240. Übung

Bitte schließen Sie jetzt dieses Buch oder legen Sie es zur Seite, und schreiben Sie mit eigenen Worten nieder, wie die positiven wie negativen Ziele dieser Appelltechnik aussehen.

Schreiben Sie auf einem separaten Blatt Papier jeweils drei positive und drei negative Appelle auf!

Transfer-, Überleitungs- oder Verknüpfungsappelle

Diese Appelle beziehen sich auf die Weiterleitung oder Übertragungen von Aussagen und Schlussfolgerungen von einem Themengebiet auf das andere. Zugleich sind damit auch Übermittlungen von Erkenntnissen aus einem Themenkomplex in einen anderen, von einem Aspekt auf den anderen abgedeckt. Sie erschließen letztlich Parallelen im Verhalten oder Denken, schaffen einen neuen Aussagekontext oder leiten auf eine andere Aussageebene über, die aus der Resümierung des Gesagten erfolgt.

Positiv ist jeweils eine wertneutrale Überleitung oder Verknüpfung, *negativ* ein bewertender oder diskriminierender Transfer.

Beispiele:

Positiv: »Sie reagieren immer sehr gelassen in Autostaus – beschreiben Sie Ihre Reaktion bei Stress im Beruf!«

Positiv: »Als Trainer und Coach sind Sie im Fußball sehr erfolgreich, sagen Sie uns, wie Sie diese Erfahrungen auf den beruflichen Sektor übertragen.«

Negativ: »Beschreiben Sie, wie Sie diese schlimmen Kindheitserlebnisse auch ausführlich in Ihrem neuen Theaterstück verwendet haben!«

Negativ: »Sie kommen doch mit Männern generell zurecht, erklären Sie Ihre Scheidung!«

241. Übung

Bitte schließen Sie jetzt dieses Buch oder legen Sie es zur Seite, und schreiben Sie mit eigenen Worten nieder, wie die positiven wie negativen Ziele dieser Appelltechnik aussehen.

Schreiben Sie auf einem separaten Blatt Papier jeweils drei positive und drei negative Appelle auf!

Appelle richtig auszurichten ist eine Kunstfertigkeit, die wie jede andere Kunstfertigkeit der Übung bedarf. Üben Sie deshalb.

Viel Spaß!
Ihr Karsten Bredemeier

IV. Vertiefung

Hier Ihr Fünf-Punkte-LERNCHECK zur Überprüfung:

Es bieten sich beim Check drei Möglichkeiten an:

- Sie beantworten die Fragen laut, lassen eventuell ein Diktiergerät mitlaufen und halten Ihre Antworten fest. So prägen Sie sich das Gelesene ein.
- Sie beantworten die Fragen schriftlich – es ist eine sinnvolle zeitliche Investion. So reflektieren Sie das Gelesene mit der zweithöchsten Intensität.
- Sie suchen sich einen »Mit«-Leser, vielleicht sogar einen, der anders »tickt« als Sie. Mit diesem diskutieren und reflektieren, primär aber streiten Sie sich über die Aussagen.

Alle Antworten zu den Fragen und Übungen auf den folgenden Seiten erschließen sich aus den jeweiligen Teilen dieses Buches. Deshalb sind im Anhang auch keine Lösungen angegeben. Wenn Sie nicht weiterwissen, schlagen Sie einfach vorn noch einmal nach.

242. Übung

a) Benennen Sie die wichtigsten Regeln zum Thema »Macht und Magie der Appelltechnik«!

b) Welche Regeln gibt es?
c) Worin unterscheiden sich Appelle von Fragen?
d) Worauf müssen Sie achten?
e) Womit legitimieren Sie Appelle?
f) Worin unterscheiden sich Abfragen bei Appellen von Informationsappellen?
g) Was unterscheidet einen negativen oder unfairen Appell von einem fairen oder positiven Appell?

243. Übung

Bitte differenzieren Sie die folgenden Appellmuster und geben Sie bitte drei entsprechende Beispiele:

a) offene Appelle
b) halbgeschlossene/halboffene Appelle
c) geschlossene Appelle

244. Übung

Bitte differenzieren Sie die folgenden Appellmuster und geben Sie bitte drei entsprechende Beispiele:

a) direkte Appelle
b) Appelle mit indirekten Fragen

245. Übung

Bitte differenzieren Sie die folgenden Appellmuster und geben Sie bitte drei entsprechende Beispiele für positive oder negative Intention:

a) Alternativappelle
b) Suggestivappelle

c) Fang-/Indizienappelle
d) rhetorische Appelle
e) Gegenappelle
f) Motivationsappelle
g) Schock- und Provokationsappelle
h) Kontroll- und Bestätigungsappelle
i) sokratische Appelle
j) karikierende, überspitzende Appelle
k) Introspektions- und Einschätzungsappelle
l) faktizierende oder W-Appelle (Informationsappelle)
m) Erzählungs- und Erlebnisappelle
n) Szenario-Appelle
o) Determinations- und Definitionsappelle
p) Verständnisappelle
q) Interpretationsappelle
r) Plattformappelle
s) Filterappelle
t) Affirmationsappelle
u) psychologisierende Appelle
v) Differenzierungsappelle
w) Kognitions- und Reflexionsappelle
x) Transfer-, Überleitungs- und Verknüpfungsappelle

246. Übung

Setzen Sie die Appelle nun einmal zurück in die Fragetechnik, das heißt, stellen Sie Fragen anstelle der Appelle.

Sie können dafür Ihre bisherigen Aufzeichnungen verwenden, deshalb auch die nur zur Hälfte beschriebenen Notizhefte.

247. Übung

Mit einer Partnerin/einem Partner: Führen Sie bitte ein Gespräch zu einem berufsbezogenen Thema Ihrer Wahl. Ein Partner erhält nun den Auftrag, das Gespräch nur mit Appellen zu führen.

Achten Sie bitte darauf, zumindest das Gesagte zu kommentieren.
Aber bitte nur Appelle, keine Fragen stellen.
Anschließend: Wechsel der Rollen.

Kein Partner? Dann führen Sie doch einen Dialog mit sich selbst. Richten Sie direkte Appelle, kommen Sie diesen im Dialog mit sich selbst nach. Sie werden feststellen, wie schwer das ist.

248. Übung

Mit einer Partnerin/einem Partner: Wiederholen Sie die vorausgegangene Übung, allerdings stellt dabei einer der Partner nur offene Fragen. Der Partner kontrolliert das Stellen nur offener Fragen. Anschließend: Wechsel der Rollen.

Kein Partner? Dann führen Sie einen Dialog mit sich selbst.

249. Übung

Mit einer Partnerin/einem Partner: Wiederholen Sie die vorausgegangene Übung, allerdings erhält jetzt einer der Partner die Aufgabe, im Wechsel mit einer offenen Frage/einem Appell die Gesprächsführung zu gestalten.

Kein Partner? Dann führen Sie einen Dialog mit sich selbst.

Anhang

Auflösungsalternativen zu den Übungen

114.

Aus Spaß wurde Ernst, und Ernst ist jetzt ganze vier Jahre alt.

Typisch Radfahrer: nach oben buckeln und nach unten strampeln.

Er ist einfach zum Schießen, eine wirkliche Schießbudenfigur.

Ihre Sommersprossen sind Ihre einzigen Gesichtspunkte.

Ihre Mitarbeiter sind nicht Mittelpunkt, sondern Mittel Punkt Ihres Unternehmens.

Im Krieg der Geschlechter hat es bislang noch keine Kriegsdienstverweigerer gegeben.

Der Kollege »macht in Platten« – er ist Fliesenleger-Handwerksmeister.

Der bekannte Radio-Moderator ist geradezu radio-aktiv.

Der Finanzminister Eichel geht am Bettelstab in seinem Ressort.

In seiner Gemeinde hütet der Pfarrer seine Schäfchen.

Der Anstreicher sieht in diesem Fall leider nur Rot.

Der Starkoch gibt seinen Löffel ab.

Traurig, aber wahr: Dem Uhrmacher schlägt sein letztes Stündchen.

Der Schauspieler tritt von der Bühne des Lebens ab.

Um höher zu kommen, geht so mancher gern in die Knie.

119.

a) Die Macher im New Business: jung, dynamisch, erfolglos.

b) »Stimmt, weil ich als Einziger mehr als meine Arbeit innerhalb der Dienstzeit erledige.«

c) »Stimmt, die behandeln mich mit sehr viel Fingerspitzengefühl, da sie wissen, was sie an mir haben!«

d) »... abgestandener Milch: nämlich angesäuert!«

e) »Na, wenn Sie doch schließlich abgestandene Ideen bevorzugen!«

f) »... offene Fragen ...« – »... die sich durch meinen Vortrag von selbst beantworten!«

g) »... Daten-Autobahn ist?« – »Ja, aber ich verrate es Ihnen nicht!«

»Ja, in diesem Fall eine moderne Umschreibung für Sackgasse!«

h) »Das verstehe ich nicht!« – »Sorry, ich hätte Ihnen nur helfen können, wenn Sie mich nicht hören!«

i) »Sie tragen ja Kontaktlinsen!« – »Stimmt, denn in dem Aufbewahrungsbehälter nutzen Sie mir nichts!«

»Klar, damit habe wenigstens ich den Durchblick!«

»Stimmt, eine einzelne garantiert leider keinen vollständigen Einblick!«

»Besser als nur eitel zu sein bei der entstehenden Kurzsichtigkeit!«

j) »Sie bekommen ein hohes Gehalt, jetzt wird es einmal Zeit, dieses auch zu verdienen!«

k) »... Hausaufgaben gemacht!« – »Stimmt, Sie dürfen gerne abschreiben!«

oder: »Stimmt, wessen Hausaufgaben hätte ich denn sonst machen sollen?!«

l) »... mich noch fertig!« – »Das ist doch nicht nötig, Sie sind doch ganz passabel in diesem Zustand!«

m) »... hat keiner verdient!« – »Verdient nicht, aber bekommen schon!«

n) »... im gleichen Boot ...« – »... das Sie aber zu einer Sklavengaleere umgestalten wollen!«

o) »... mit mir gerne eine Nacht verbringen!« – »Ja, etwa die Hälfte der Frauen über 90!«
oder: »Ja, ja, Invaliden reden gerne vom Krieg!«
oder: »Spart ja auch den Kauf einer ganzen Packung Schlaftabletten!«

p) »... Hosenanzug ja fast aus wie ein Mann, Frau Maier!« – »Das Kompliment darf ich zurückgeben: Sie in Ihrem Anzug sehen nämlich auch fast so aus!«

q) »Wir müssen das Rad nicht jedes Mal neu erfinden!« – »Nein, aber endlich einmal zum Laufen bringen!«

126.

a) »... Mathematik! Das kapieren Sie nie!«
Antwort 1: »Sorry, aber die Aufgabe kommt von mir, schön, dass Sie auch eine Lösung präsentieren!«
Antwort 2: »Im Gegensatz zu Ihnen schon, denn ich rechne mit nackten Zahlen, Sie mit geschönten Fiktionen!«
Antwort 3: »Mag sein, dass es das ist, womit Gott das Universum berechnet hat, aber anfangs kam das Weltbild einer Scheibe heraus! Ändern Sie Ihre Denkrichtung.«

b) »... behalte meine eigene Meinung!«
Antwort 1: »Das ist ein Luxus, den man sich aufgrund der Schieflage dieses Unternehmen nicht leisten will und auf keinen Fall kann!«
Antwort 2: »Meinungen sind flexible Vorurteile, bauen Sie Ihre endlich ab!«
Antwort 3: »Reducted to the Nichts!«

c) »Sie befinden sich in der Minderheit!«
Antwort 1: »Stimmt, ich gehöre zur Minderheit, jetzt im Beginn der Diskussion. Gleich gehöre ich zur Mehrheit!«
Antwort 2: »... und das, weil ich auf der sinkenden Titanic ein Rettungsboot besteige!«
Antwort 3: »Im Gegensatz zu Ihnen nicht, denn alle anderen außer Ihnen sind bereit, ihre Meinung zu ändern – zugunsten der Faktenlage!«

d) »Da gehen Sie ein immenses Risiko ein!«
Antwort 1: »Das akzeptable Risiko, mich gegen Sie zu stellen!«
Antwort 2: »Schließen Sie sich mir an, dann sind wir schon zu zweit!«
Antwort 3: »Genau, das ist die Verschwörung von Wort und Tat, um Ihren Verstand endlich wachzurütteln!«

e) »Jetzt retten Sie sich wieder mit Schlagfertigkeit!«
Antwort 1: »Ja, mit Antworten, von denen Sie sich wünschen, Sie hätten sie gegeben!«

Antwort 2: »Ja, mit den Antworten, die Ihnen erst wieder auf dem Nachhauseweg einfallen werden!«
Antwort 3: »Ja, ich wähle diese Form der subtilen Beleidigung!«

129. In der Diskothek:
Ihre diesbezügliche Antwort: »Nein, aber ich hatte dunkle Locken, da habe ich mir lieber die Glatze rasiert!« (Leerlauf-Technik)
Antwort 2: »Sehen Sie, das nennt man Evolution, je näher bei den Affen, desto mehr Haare auf dem Kopf!« (Transfer)

130. Betriebsmeeting:
Antwort: »Ja, ja, so lange, bis er der Dümmere ist!« (Assoziation)
Antwort 2: »Stimmt, aber nicht in diesem Fall!« (3-T-Regel)

131. »Nehmen Sie die Eisen zum Auskühlen aus dem entfachten Feuer und legen Sie die Bewerbung am besten hinein!« (Wortspiel)

132. Ihre Antwort: »Das arme Kind, es muss ja total müde sein nach zwei Tagen Laufen!« (Wortspiel)

133. Sie: »Ich bin zwar nur bei Skoda in der Fertigung, aber wir dürfen alle frei herumlaufen!« (Wortspiel)

134. Antwort : »Sie hingegen nicht!« (Bumerang)
Antwort 2: »… danke für das Kompliment, in mir schlägt aber nach wie vor das Herz einer Frau!« (Leerlauf-Technik)

135. Ihre Antwort: »Stimmt. Aber lieber gefeuert als weiterhin verheizt werden!« (Wortassoziation) Antwort 2: »… als weiterhin wie Sie verheizt zu werden!« (Bumerang)

136. Ihre Bemerkung: »Ja, die schlimmste Krankheit ist die Liebe, denn da müssen gleich zwei betroffene Personen ins Bett!«

137. Weil es dort heißt: »All men are equal!« (Wortspiel)

138. Ihre Antwort: »Nein, nicht ich, sondern das Auto!« (Wortspiel)
Antwort 2: »Nein, ich wollte einmal sehen, ob sich alle Räder gleich schnell drehen!« (Transfer)

139. Ihre Antwort: Die Löwin. (Wortspiel)

140. Sie locker: »Komisch, deine Finger wirken heute blasser als sonst!«

141. Ihre Antwort: »Sollte es auch, denn ich sage immer, es wäre für dich!«
Antwort 2: »Warum, sollte ich noch schneller trinken?«

142. Ihre schlagfertige Bemerkung: »Klar, was möchtest du denn wissen?!«

143. Ihre Antwort: »Tue ich doch gar nicht, man nennt das Luftholen!«

144. Sie: »Nun, man muss Prioritäten setzen, dafür treibe ich es umso bunter!«

145. Schwarzer Humor: »Nein, das müssten Sie schon selber tun!«

146. B.: »Entschuldigung, aber ich dachte, Sie kennen den Vater des Kindes!«

147. Sie provozierend: »... und, was haben Sie mit dem Geld gemacht, als es ausgezahlt wurde?«

148. Ihre schlagfertige und witzige (nicht der Situation angemessene!) doppeldeutige Antwort: »Jemanden, der Tag und Nacht zu mir steht!«

149. »Nein, aber die Namen!«

150. Ihre passende Bemerkung: »Gibt es leider nicht, sobald jemand mit dem Trinken aufhört, trocknet der Körper nach einer Woche aus: Exitus!«

151. Sie antworten: »Nein, Knollennase, 1,60 cm und unsportlich!«

152. Ihr schlagfertiger Spruch: »Na, als Psychiater auf Hausbesuch?«

153. Sie wissen, er hat Recht, aber entgegnet trotzdem: »Ach kommen Sie, wegen der Viertelstunde!«

154. Ihre Antwort: »Ganz einfach, durch gesunde Ernährung.«
Antwort 2: »Im Gegensatz zu Ihnen durch fleißiges und kontinuierliches Arbeiten!«

155. Sie: »Und was, wenn ich Ihnen verspreche, nicht aus dem Fenster zu schauen?!«
Antwort 2: »Okay, und wenn ich Ihnen das Zimmer später hierlasse, was kostet es dann?«

156. Ihre Antwort: »Nein, lieber ruhig und unauffällig!«

157. Antwort: »Warum nicht, wenn sie sich mögen!«

158. Sie locker: »Gerne, ich werde es dem nachtdiensthabenden Kollegen ausrichten, mal gespannt, was er dazu sagen wird.«

159. Antwort: »Bei guter Pflege zehn bis fünfzehn Jahre!«

160. Ihre Antwort: »Macht nichts, ich ja auch!«

161. Sie spottend: »Dann ruf ihn man gleich wieder an, denn dann verpasst du den Flieger wieder!«

162. Antwort des Sohnes: »O. k., und wie heißen jetzt die drei Ausdrücke?«

163. Sie kommentieren es lässig: »Der war so schwach, dass er von alleine umfiel!«

164. Sie lassen ihn auflaufen: »Das heißt also, Ihre Frau hat sie noch!«
Antwort 2: »Und, kann denn wenigstens sie damit etwas anfangen?!«

165. Ihre Antwort: »Und damit es auch wirklich echt wirkt, läufst du jetzt bitte noch vor mir her!«

166. Ihre Antwort: »Armer Kerl, blind und dann kein Blindenhund.«

167. Ihre Gegenfrage: »Warum sollen wir uns das Bier denn teilen?«

168. Sie antworten leicht düpiert: »Soll ich die Steaks in 10 Minuten wenden und dann in 20 Minuten vom Grill nehmen?«

169. Ihre Antwort: »Dann bringen Sie mir ein paar Würfel!«

170. Ihre Antwort: »Knapp 3,15 Meter!«

171. Ihre Antwort: »Probier es doch einmal, dann siehst du nämlich auch ganz verändert aus!«

172. Ihre Bemerkung: »Ach, haben die auf Partys auch immer wie Sie Alleinunterhalter gespielt?!«

173. Ihr Spott: »Stimmt, Ihnen nicht!«

174. Ihre schlagfertige Antwort: »Nein, aber eine wunderbar klangvolle Klingel!«

175. Ihre Antwort: »Ja, aber es war ganz schön schwer, Zickzack zu laufen!«

176. »Montag, Dienstag, Mittwoch …!«

177. Ihre Antwort: »Ja, es werden kleine Schneemänner geboren.«

178. Spöttisch-polemisch: »… deutlich zum Tragen!«
Reaktion 1: »Besser, als wie in Ihrem Fall keinen Stammbaum aufweisen zu können!«
Reaktion 2: »Stimmt, mein Stammbaum fängt dort an, wo der Ihre leider endet.«

179. Enerviert: »... wohl fertig machen!«
Reaktion 1: »Nein, das tun Sie selber, ich verankere es für alle Anwesenden nur noch einmal!«
Reaktion 2: »Nein, Sie sind fertig, sehen Sie es endlich ein!«
Reaktion 3: »Nein, wir sind gerade am Anfang, auch, wenn Sie sich bereits fertig fühlen.«

180. »... so wie Sie aussehen!«
Reaktion 1: »Tue ich sehr gerne, ich sehe wieder einmal hervorragend aus!«
Reaktion 2: »Ich schaue gerne in den Spiegel, bei Ihnen tuts die Mülltonne, um sich gespiegelt zu sehen!«
Reaktion 3: »Wieso? Der Neid spiegelt sich doch auch in Ihrem Gesicht!«

181. »... noch etwas ganz anderes gesagt!«
Reaktion 1: »Da stimmte es auch noch, heute liegen andere Fakten auf dem Tisch!«
Reaktion 2: »Sehen Sie, ich lerne dazu – im Gegensatz zu Ihnen!«
Reaktion 3: »Das lag am Kontext, dieser hat sich mittlerweile geändert. Haben Sie es nicht bemerkt?!«

182. »Das soll wohl ein Witz sein!«
Reaktion 1: »Nein, aber wenn Sie die Fakten lustig finden!«
Reaktion 2: »Nehmen Sie die Fakten doch mit ein wenig Humor, dann fällt Ihnen der Zugang leichter!«
Reaktion 3: »Witze überlasse ich Ihnen, ich analysiere die Datenbasis!«

183. Spöttisch: »... Weisheiten, die Sie von sich geben?!«
Reaktion 1: »Es sind Fakten, gepaart mit einem gesunden Menschenverstand!«
Reaktion 2: »Solche, bei denen Sie ja bereits merken, dass Sie mit Ihrem Latein am Ende sind!«
Reaktion 3: »Es sind Weisheiten aus den Resultaten unserer Erfahrungen.«

184. »Na, lassen Sie wieder den Wissenschaftler heraushängen, Herr Doktor?«
Reaktion 1: »Ist ja auch notwendig auf diesem Friedhof von zu Grabe getragenen Ideen!«
Reaktion 2: »Ich bin eben jemand, der im Gegensatz zu Ihnen lieber Fakten präsentiert, als Vermutungen anzustellen!«
Reaktion 3: »Zumindest sind meine Einsichten tiefgründiger als Ihr Wirkungskreis!«

185. »... Wahrheiten, die Sie da zum Besten geben!«
Reaktion 1: »Besser, als Ihnen angenehme Lügen glaubhaft machen zu wollen!«
Reaktion 2: »Wahrheiten sind nach George Bernard Shaw das Einzige, was niemand so recht glauben will!«
Reaktion 3: »Wollen oder können Sie sich durch die unbestreitbaren Fakten nicht überzeugen lassen?!«

186. »Da habe ich aber Bedenken ...!«
Reaktion 1: »Dann sollten Sie den Strauß Ihrer Vorurteile einmal neu arrangieren, mein Lieber!«

Reaktion 2: »Verlassen Sie bitte einmal Ihre antiquierten Denkschienen, bevor Sie sich festfahren!«
Reaktion 3: »Vergessen Sie diese! Bedenken sind die Vernunft der Narren!«

187. »... den Vorgesetzen herauskehren!«
Reaktion 1: »Bitte geben Sie sich nicht als jemand, der sich zurückgesetzt aufführt, wenn seine Meinung nicht vorgezogen wird!«
Reaktion 2: »Sie müssen gar nicht, Sie wollen es höchstens!«
Reaktion 3: »Das können Sie getrost machen, es ändert allerdings nichts an der Faktenlage!«

188. »Also verhohnepipeln (verkohlen/verarschen) kann ich mich selber!«
Reaktion 1: »Stimmt, Sie üben es auch in dieser Sitzung wieder einmal!«
Reaktion 2: »Kompliment, es gelingt Ihnen auch dieses Mal wieder!«
Reaktion 3: (zuckersüß) »Mein Mitleid haben Sie!«

189. »Das verstehe ich jetzt nicht!«
Reaktion 1: »Kein Wunder!«
Reaktion 2: »Dann stellen Sie sich die Frage, warum wohl nicht!«
Reaktion 3: »O. k., was brauchen Sie, um es zu verstehen?!«

190. »Das ist gegen meine Überzeugung!«
Reaktion 1: »Das ist dann eine einseitige Betrachtung, die alle anderen Möglichkeiten ausklammert!«
Reaktion 2: »Der Kopf ist rund, dann wechseln Sie doch bitte einmal die Denkrichtung!«
Reaktion 3: »Dann springen Sie doch ausnahmsweise einmal über Ihren Schatten!«

191. »... toleranter gegenüber anderen!«
Reaktion 1: »Sorry, aber das ist leider nur geduldete Ungenauigkeit Ihrerseits!«
Reaktion 2: »Nein, Sie üben nur praktizierte Nächstenliebe auf Kosten der Intelligenz!«
Reaktion 3: »Sagen Sie es doch gleich: Sie sind gleichgültiger!«

192. »... Tradition unseres Hauses! Respektieren Sie das bitte.«
Reaktion 1: »Traditionen sind leider die heimtückischen Dogmen in Form von praktiziertem Rufmord an neuen, innovativen Ansätzen!«
Reaktion 2: »Warum sollte ich Ihre Bequemlichkeit in Hinsicht auf neue Ansätze respektieren?«
Reaktion 3: »... so weit also das Statement für unsere heutige Dressurübung!«

193. »Was soll denn dieses Theater?«
Reaktion 1: »Es ist kein Theater, es ist heute das Leben, nutzen Sie diesen Spiegel!«

Reaktion 2: »Das betreiben wir auf keinen Fall, denn sonst wäre es Notzucht an der Realsituation!«
Reaktion 3: »Das ist es auf keinen Fall, denn sonst würden wir uns unterhalten, ohne miteinander zu sprechen! Und uns geht es um Resultate!«

194. Frau zu Mann: »Waren Sie eigentlich schon immer so ein Casanova/Macho/Chauvi?!«
Reaktion 1: »Nein, erst Sie haben mich dazu gemacht!«
Reaktion 2: »Machos wie ich sind die Antwort der Zivilisation auf Emanzen wie Sie!«
Reaktion 3: »Die Luft im Raum ist wirklich verbraucht, lüften Sie doch bitte einmal.«

195. »Merken Sie nicht, dass einige Kollegen schon gähnen?«
Reaktion 1: »Richtig, aber über Ihre Einwände!«
Reaktion 2: »Das sind schlechte Manieren, aber ehrliche Meinungsäußerungen zu Ihren Störmanövern!«
Reaktion 3: »Endlich registrieren Sie die stillen Aufschreie zu Ihren Aussagen!«

196. »Sie haben doch schon verschiedene Fehleinschätzungen zu verzeichnen!«
Reaktion 1: »Stimmt, aber ich habe daraus gelernt!«
Reaktion 2: »Sie dürfen das nicht mit Schicksal verwechseln!«
Reaktion 3: »Kommen Sie, das ist doch die Würze, die meinem Erfolg das Aroma verleiht!«

197. »Das ist mein Erfolg!«
Reaktion 1: »Glückwunsch, Sie haben die Angst vor dem eigenen Versagen überwunden!«
Reaktion 2: »Genießen Sie diesen Augenblick, es ist nur ein aufgeschobener Misserfolg!«
Reaktion 3: »… sagte der Hahn, als das Huhn das Ei legte!«

198. »Blödmann!«
Reaktion 1: »Wer hat das wann in welcher Situation zu Ihnen gesagt?! Und wie sind Sie damit umgegangen?!«
Reaktion 2: »Angenehm, Karsten Bredemeier.«
Reaktion 3: »Sie erzählen uns nichts Neues über sich!«

199. »Langsam fühle ich mich wie ein Demagoge!«
Reaktion 1: »Dann hören Sie doch auf, in den Wind zu sprechen, den Sie selber verursachen!«
Reaktion 2: »Kein Wunder, pressen Sie doch kleine Ideen in die größten Worte!«
Reaktion 3: »… , klar, solange Sie so tun, als ob Sie Stroh in den Köpfen der Anwesenden dreschen wollen!«

200. »… lange Leitung, bevor Sie den Punkt finden!«
Reaktion 1: »Stimmt, ich trage Ihnen Rechnung und verwende dazu Ihre Standleitung!«
Reaktion 2: »Besser eine längere Leitung als keinen Verstand (wie in Ihrem Fall).«
Reaktion 3: »Nein, aber ich muss eine längere Leitung verwenden, damit Sie diesen Punkt auch finden können!«

201. »… berücksichtigen, schließlich arbeiten wir in einem demokratischen Unternehmen!«
Reaktion 1: »Das schon, aber Sie müssen aufgrund der Faktenlage meine teilen!«
Reaktion 2: »Hoppla, jetzt erfolgt der Aufruf zur geistigen Polygamie!«
Reaktion 3: »Das schon, aber entscheiden müssen wir nach den Fakten!«

202. »Fragen Sie doch bitte nicht so dämlich!«
Reaktion 1: »Es gibt keine dämlichen Fragen, aber unqualifizierte Antworten – nämlich Ihre.«
Reaktion 2: »Sie disqualifizieren sich selbst!«
Reaktion 3: »Schade, dass Sie vergeblich versuchen, mich zu disqualifizieren, merkt doch jeder, dass Ihnen die passende Antwort fehlt!«

203. »Sie weichen aus, wollen Sie Zeit gewinnen!?«
Reaktion 1: »Ja, Zeit für Sie, damit Sie Ihre Antworten überdenken … und korrigieren!«
Reaktion 2: »Besser, als dass Sie unsere Zeit stehlen!«
Reaktion 3: »Nein, aber ich merke, dass Ihnen die Frage unangenehm ist!«

204. »Darf ich Ihnen einmal drei Fragen stellen? … Was konkret schlussfolgern Sie nun?«
Reaktion 1: »Zu Ihrer ersten Frage: nein!« (Darf ich Ihnen …)
Reaktion 2: »Ganz einfach, noch einmal: …«

Reaktion 3: »Entschuldigung, das waren vier Fragen, welche streichen Sie nun?«

205. »Das wäre ein Super-Gau!«
Reaktion 1: »Sorry, ein Gau ist der größtmöglich anzunehmende Unfall, schlimmer kann es also nicht werden.«
Reaktion 2: »Ein Gau ja, aber im Vorfeld zu vermeiden!«
Reaktion 3: »Wir sind nicht zusammengekommen, um Unfälle zu planen, sondern präventiv im Vorfeld zu verhindern!«

206. »Das ist eine geistige Bankrotterklärung!«
Reaktion 1: »Ja, aber Ihrerseits, wenn Sie die Handlungsalternativen bewusst außer Acht lassen!«
Reaktion 2: »Stimmt, aber Sie machen sich wegen geistiger Insolvenzverschleppung schuldig, wenn Sie diesen Vorschlag ignorieren!«
Reaktion 3: » ...schön, aber dann leben Sie ruhig weiter über Ihre geistigen Verhältnisse!«

207. »Na, wieder einmal in einer ausgedehnten Kaffeepause unterwegs?!«
Reaktion 1: »Ja, die Kollegen meinten, irgendjemand müsste auch Ihnen einmal Gesellschaft leisten, und da hat das Los mich getroffen!«
Reaktion 2: »Im Gegensatz zu Ihnen nicht, ich habe bereits Feierabend.«
Reaktion 3: »Kaum gefrotzelt, schon verloren!«

208. »Sie spielen sich jetzt wie der Chef/Projektleiter auf!«
Reaktion 1: »Mach ich doch gerne, Sie brauchen Orientierung!«
Reaktion 2: »Ich bins, schon vergessen?!«
Reaktion 3: »Ich mag Sie – persönlich jedenfalls!«

209. »Bitte unterbrechen Sie mich nicht!«
Reaktion 1: »Doch, schließlich sollen Sie sich nicht noch weiter verrennen!«
Reaktion 2: »Ich habe Ihre Aussagen lediglich kommentiert, die Unterbrechung leisten Sie sich!«
Reaktion 3: »O. k., es lohnt sich wirklich nicht!«

210. »Das ist aber ziemlich egoistisch!«
Reaktion 1: »Egozentrisch – ist das richtige Wort!«
Reaktion 2: »Das ist die notwendige Zärtlichkeit, wo eigentlich Ellenbogen ins Spiel kommen müssten!«
Reaktion 3: »Habe ich direkt von Ihnen gelernt ... aber Spaß beiseite ... und zurück zum Thema, ... wir hatten ...!«

211. »Ich möchte bitte ausreden!«
Reaktion 1: »... jetzt, wo Sie ein zwangsweise verpflichtetes Publikum haben!«
Reaktion 2: »Dann tun Sie es doch, anstatt es zu zerreden!«
Reaktion 3: »Warum tun Sie es dann nicht?!«

212. »Ich glaube, Sie sind auf dem Holzweg!«
Reaktion 1: »Glaube gehört in die Kirche, wenden wir uns bitte den Fakten zu, ich hatte erklärt ...!«
Reaktion 2: »Der von Ihnen erklärte Holzweg führt aber zum Ziel, und das entscheidet!«
Reaktion 3: »Nein, aber auf dem Weg zum Ziel!«

213. »Mein Gott, das gibt es doch gar nicht!«
Reaktion 1: »Doch, Sie erleben mich live!«
Reaktion 2: »Danken Sie ruhig dem Schöpfer für das, was Sie erleben dürfen!«
Reaktion 3: (grins) »Doch!«

214. »Sie sind unfähig!«
Reaktion 1: »Warum beleidigen Sie mich, wo ich doch nur Ihre Gedanken nochmals wiedergebe!«
Reaktion 2: »Unfähig jedenfalls, Ihre Beleidigungen zu ertragen! Schluss damit!«
Reaktion 3: »Ich mag Sie – trotz Ihrer Uneinsichtigkeit.«

Literaturverzeichnis

Die nachfolgend angegebene Literatur stellt nur eine Auswahl der vorhandenen oder benutzten Literatur dar, die einige grundlegende oder besonders interessante Werke zur Orientierung nennt.

Besonders empfehlenswerte Literatur ist kursiv gekennzeichnet.

Für weitere interessante oder ausgefallene Literaturhinweise bin ich dankbar!

Aebli, H.: Zwölf Grundformen des Lernens. Stuttgart 1983.

Altmann, H. Ch.: Überzeugend reden, verhandeln, argumentieren. München 1992.

Ani, A.: Praxis der Projektplanung mit Netzplantechnik. Köln 1971.

Anton, K.-H.: Mit List und Tücke argumentieren. Wiesbaden 1995.

Apitz, K.: Konflikte – Krisen – Katastrophen. Präventivmaßnahmen gegen Imageverlust. Frankfurt/Main, Wiesbaden 1987.

Argyle, M.: Körpersprache und Kommunikation. 5. Aufl., Paderborn 1989.

Baddeley, A.: So denkt der Mensch. München 1986.

Balck, H.: Neuorientierung im Projektmanagement. Köln 1989.

Bambeck, J./Wolters, A.: Brainpower. München 1991.

Baumer, Th.: Handbuch Interkulturelle Kompetenz. Zürich 2002.

Becker, B.: Entscheidungen. Bremen 1991.

Bendixen, P./Kammler, H.: Planung, Organisation und Methodik innovativer Entwicklungsprozesse. Berlin 1977.

Berckhan, B.: Die etwas intelligentere Art, mit dummen Sprüchen umzugehen, München 1998.

Bertelsmann Stiftung (Hrsg.): Politik überzeugend vermitteln. Wahlkampfstrategien in Deutschland und den USA. Gütersloh 1996.

Birkenbihl, V.: Stroh im Kopf? 21. Aufl., München/Landsberg 1995.

Birkenbihl, V.: Erfolgstraining. 4. Aufl., München/Landsberg 1992.

Birkenbihl, V.: Psychologisch richtig verhandeln. 6. Aufl., München/Landsberg 1990.

Blazek, A.: Projekt-Controlling, Starnberg 1991.

Böning, U.: Moderieren mit System. Wiesbaden 1991.

Bono, E. de: Taktiken und Strategien erfolgreicher Menschen. 2. Aufl. 1995.

Brandstätter, G., u. a.: Fehler im Projektmanagement. In: Zeitschrift für Führung und Organisation. 57/1988.

Bredemeier, K.: Schwarze Rhetorik. 2. Aufl., Zürich 2003.

Bredemeier, K.: Provokative Rhetorik? Schlagfertigkeit! 8. Aufl., Zürich-Köln 2003.

Bredemeier, K.: Provokative Rhetorik? Schlagfertigkeit! 4. Aufl., München 2003.

Bredemeier, K.: Nie wieder sprachlos! 4. Aufl., Zürich 2001.

Bredemeier, K.: Der TV-Crashkurs. Zürich 2000.

Bredemeier, K.: Nie wieder sprachlos! Hörbuch 4 Cassetten, Rusch-Verlag Konstanz 1999.

Bredemeier, K./ Neumann, R.: Kreaktiv-PR. Zürich-Köln 1997.

Bredemeier, K./Schlegel, H.: Die Kunst der Visualisierung. Zürich-Wiesbaden 1991. Als Taschenbuch redigiert, Düsseldorf 1994.

Bredemeier, K.: Medienpower. Erfolgreiche Kontakte zu Presse, Funk und Fernsehen. Zürich-Wiesbaden 1991. Als Taschenbuch redigiert, Düsseldorf 1993.

Bredemeier, K.: Fernsehtraining. Zürich-Wiesbaden 1993.

Bredemeier, K., u. a.: Führungspower. Wiesbaden 1993.

Bredemeier, K., u. a.: Führungswissen punktuell. Wiesbaden 1992.

Bredemeier, K.: Gewissensverständnis. Baden-Baden 1992.

Briggs, J./ Peat, F. D.: Die Entdeckung des Chaos. München 1993.

Businessbestseller summaries Nr. 153. Karsten Bredemeier: Provokative Rhetorik? Nie wieder sprachlos! F.A.Z.-Institut.

Buzan, Tony: Nichts vergessen! Kopftraining für ein Supergedächtnis. München 1986.

Capra, F.: Wendezeit. Bausteine für ein neues Weltbild. Bern 1983.

Casdorff, H.: MedienPraxis für Manager. Düsseldorf 1991.

Comenius, J.: Orbis sensualium pictus. Dortmund 1979.

Cornelsen, Cl.: Lila Kühe leben länger. Frankfurt/Wien 2001.

Correll, W.: Motivation und Überzeugung in Führung und Verkauf. Landsberg 1983.

Crainer, St.: Die Jack Welch Methode. 3. Aufl., Wien/Frankfurt 2002.

Delp, L.: Das gesamte Recht der Publizistik. Neuwied o. J.

Döring, K.: Lehren in der Weiterbildung. Weinheim 1988.

Doppler/Lauterburg: Changemanagement. Frankfurt 1994.

Drucker, P. F.: Schlüsseljahre. Stationen meines Lebens. Frankfurt 2002.

Drucker, P. F.: Die postkapitalistische Gesellschaft. Düsseldorf 1993.

Duden – Das Fremdwörterbuch – Neu, 7. Aufl., Mannheim-Leipzig-Wien-Zürich.

Duden – Die deutsche Rechtschreibung, 22. Aufl., Mannheim-Wien-Zürich.

Duden – Die Grammatik, 6. Aufl., Mannheim-Leipzig-Wien-Zürich.

Ebeling, P.: Rhetorik. Stuttgart 1986.

Edmüller, A./Wilhelm, T.: Manipulationstechniken. Planegg 1999.

Eibl-Eibesfeldt, I.: Kalkulierte Reue. Interview in: Focus, 15.5.2001, S. 100 f.

Eibl-Eibesfeldt, I.: Grundriss der vergleichenden Verhaltensforschung. Zürich 1978.

Ekman, P./Friesen, W. V.: Unmasking the face. Englewood Cliffs, N. J.: Prentice Hall 1975.

Eppler, E.: Kavalleriepferde beim Hornsignal. Die Krise der Politik im Spiegel der Sprache. Frankfurt/Main 1992.

Erny, Hansjörg: Fit für die Medien. Zürich 1999.
Farrelly, F.: Provokative Therapie. Berlin 1986.
Ferguson, M.: Public Communication – The New Imperatives. London 1993.
Field, S./Märthesheimer, P./Längsfeld, W.: Drehbuchschreiben für Fernsehen und Film, 2. Aufl., München 1990.
Fowles, J.: Why Viewers Watch. London 1992.
Frese, E.: Einführung in das Projektmanagement. München 1980.
Frey, S.: Die Macht des Bildes. Bern 1999.
Fricke,G.: Recht für Journalisten. München 1995.
Geretschläger, K.: Medientechnik I. München 1983.
Gerken, G.: Geist. Düsseldorf 1992.
Geissner, H. K.: Fünfsatz, in: Historisches Wörterbuch der Rhetorik, Bd. 3., Tübingen 1996, S.484–487.
Geissner, H. K.: Rhetorik und politische Bildung. 3. erw. Aufl., Königstein 1986.
Geissner, H. K.: Sprecherziehung. Didaktik der mündlichen Kommunikation. 2. Aufl., Königstein 1982.
Geissner, H. K.: Der Fünfsatz. Ein Kapitel Redetheorie und Redepädagogik, in: Wirkendes Wort 4/1968, S. 258 ff.
Geyer, P./Hagenbüchle, R. (Hrsg.): Das Paradox. Tübingen 1992.
Gesellschaft für Projektmanagement/RKW: Projektmanagement, Bd. 1+2, Eschborn 1991.
Goffman, E.: Wir alle spielen Theater. Die Selbstdarstellung im Alltag. München 1988.
Goleman, D.: Emotionale Intelligenz, TB München 1995.

Goossens, F.: Erfolgreiche Konferenzen und Verhandlungen. Landsberg 1987.

Gordon, Th.: Managerkonferenz. Reinbek 1982.

Gordon, Th.: Familienkonferenz. Hamburg 1972.

Graichen, W.: Das Abc der Arbeitsfreude. Speyer 1988.

Guirdham, M.: Interpersonal Skills at Work. London 1995.

Hagenbüchle, R.: Was heißt paradox?, in: Geyer/Hagenbüchle, Das Paradox. Tübingen 1992, S.27 ff.

Halbfas, H.: Das Dritte Auge. 4. Aufl., München 1989.

Haller, M.: Das Interview. München 1991.

Haller, M.: Recherchieren. 4. Aufl., München 1991.

Hammer, M./Champy, J.: Business Reengineering. 2. Aufl., Frankfurt/New York 1994.

Harpprecht, K.: Medien-Faschismus? In: manager magazin 7/94.

Harris, Th.: Ich bin o.k. – Du bist o.k. Hamburg 1973.

Heintel, P., u.a.: Projektmanagement – Eine Antwort auf die Hierarchiekrise?. Wiesbaden 1988.

Heller, E.: Wie Farben wirken. Reinbek 1989.

Heyman, R.: Warum haben Sie das nicht gleich gesagt? Zürich 1998.

Hierhold, E.: Sicher präsentieren, wirksamer vortragen. 4., überarb. Aufl., Frankfurt 1998.

Hildebrand, D.: Vater unser – gleich nach der Werbung. München 2001.

Hodgson, J.: Das souveräne Verhandlungsgespräch. Niedernhausen 1998.

Huber, W.: Sprachfallen und Denkunfälle, in: Geyer/Hagenbüchle, Das Paradox. Tübingen 1992, S.131 ff.

Jahncke, R.: Sprechtechnik und Redekunst. München 1988.

Jonas, H.: Das Prinzip Verantwortung. Frankfurt 1979.

Kellner, H.: Konferenzen, Sitzungen, Workshops effizient gestalten. München/Wien 1995.

Kellner, H.: Die Kunst, DV-Projekte zum Erfolg zu führen. München/Wien 1994.

Keplinger, W.: Merkmale erfolgreichen Projektmanagements. Graz 1991.

Kirschner, J.: Manipulieren – aber richtig. München 1976.

Kiyoshi, S.: Die ungenutzten Potentiale. München 1994.

Klimke, R./Schott, B.: Die Kunst der Krisen-PR. Paderborn 1993.

Krämer, W.: So lügt man mit Statistik. 4. Aufl., Frankfurt 1992.

Köster, S. A.: Mit NLP zum Erfolg. Offenbach 1995.

Kreuzer, H./Prümm, K.: Fernsehsendungen und ihre Formen. Stuttgart 1979.

Krüger, W.: Projektmanagement in der Krise. Frankfurt 1986.

Lay, R.: Wie man sich Feinde schafft. Düsseldorf 1994.

Lay, R.: Führen durch das Wort. Frankfurt 1987.

Lay, R.: Dialektik für Manager. Frankfurt 1979.

Lazarus, A.: Fallstricke des Lebens. Stuttgart 1999.

Lec, St. J.: Sämtliche unfrisierte Gedanken. 2. Aufl., München 2002.

Leuninger, H.: Danke und Tschüss fürs Mitnehmen. Zürich 1996.

Leuninger, H.: Reden ist Silber, Schweigen ist Gold. Zürich 1993.

Liebenau, F. v./Schönberger, M. (Hrsg.): Das Große Buch der Anekdoten von A–Z, München 1991.

Lippe, J. von der: Witzparade. München 1984.

Lyle, J.: Body Language, London 1990.

Maddaus, B. J.: Handbuch Projektmanagement. 3. Aufl. 1990.

Malik, F.: Systemisches Management, Evolution, Selbstorganisation. Stuttgart-Bern 1993.

Marten, R./Schreiber, G.: Überzeugend reden vor Publikum. München 2000.

Martini, C. M./Eco, U.: Woran glaubt, wer nicht glaubt? 2. Aufl., München 2000.

Maywald, F.: Struwwelpeter für Manager. München 2002.

Maywald, F.: Der Narr und das Management. 2. Aufl., München 2001.

Mees, J., u.a.: Projektmanagement in neuen Dimensionen. 2. Aufl., Wiesbaden 1995.

Merten/Teipen: Empirische Kommunikationsforschung. München 1991.

Modellversuch Journalisten-Weiterbildung (Hg): Fernstudium Kommunikationswissenschaft. Teil 1 und 2, 2. Aufl., München 1989.

Moores, S.: Interpreting Audiences. London 1993.

Morfill, G./Scheingaber, H.: Chaos ist überall ... und es funktioniert. Frankfurt 1991.

Müller, H.: Gesprächstraining. Dialektik für Manager. Zürich 1997.

Nadolny, S.: ER oder ICH. München 1999.

Nadolny, S.: Ein Gott der Frechheit. München 1997.

Neumann, R.: Target Talking. Das erfolgreiche Mitarbeitergespräch. Rio Economy 1997.

Neumann, R.: Projektmanagement von A–Z, Frankfurt – New York, 1996.

Neumann, R.: Projektmanagement. Booklet des Personal-Potentials, Stuttgart 1995.

Nölke, M.: Schlagfertigkeit. Das Trainingsbuch. München 2002.

Oetinger, B. v.: Das Boston Consulting Strategie Buch, Düsseldorf 1995.

Ötsch, W.: Haider light. Handbuch für Demagogie. Wien 2000.

Patterson, T. E.: Out of Order. New York 1994.

Peter, B./Geri, W.: Entspannung. München 1991.

Poehm, M.: Das NonPlusUltra der Schlagfertigkeit. München 2002.

Pinker, S.: Der Sprachinstinkt, München 1998.

Pipes, D.: Verschwörung. Faszination und Macht des Geheimen. München 1998.

Popper, R./Ludwig, J.-C.: Bosse nach Wahl. Berlin 1997.

Postman, N.: Wir amüsieren uns zu Tode. Frankfurt 1988.

Projektteam Lokaljournalisten: ABC des Journalismus. München 1990.

Projektteam Lokaljournalisten: Journalismus und kommunale Öffentlichkeitsarbeit. München 1979.

Pürer (Hrsg.): Praktischer Journalismus in Zeitung, Radio und Fernsehen. München 1991.

Pursch, Günter: Das große Parlamentarische Schimpfwörterbuch. 2. Aufl., München 1989.

Recardo, R. J., et al: Teams. Houston 1996.

Richardson, J.: Erfolgreich kommunizieren. München 1992.

Ruede-Wissmann, W.: Auf alle Fälle Recht behalten. München 1989.

Ruede-Wissmann, W.: Super Selling. München 1989.

Ruhleder, R. H: Ruhleders Sprüche und Zitate. Würzburg 1994.

Ruhleder, R. H.: Rhetorik–Dialektik–Kinesik. 7. Aufl., Harzburg 1984.

Scannell, P.: Broadcast Talk. London 1991.

Seifert, J. W.: Meetings moderieren. Offenbach 1999.

Schaller, B.: Die Macht der Sprache. München 1998.

Scheler, U.: Gekonnt präsentieren. Offenbach 1996.

Schopenhauer, A.: Eristische Dialektik. Zürich 1983.

Schneider, S.: Sag die Wahrheit. Cosmopolitan 5/99, S.151 ff.

Schneider, W.: Lingua Blablativa. In: Spiegel Spezial 1/95.

Schneider, W.: Wörter machen Leute. 7. Aufl., München/Zürich 1994.

Schult, G./Buchholz, A.: Fernsehjournalismus. Ein Handbuch für Ausbildung und Praxis. München 1990.

Shell AG: Die Ereignisse um Brent Spar in Deutschland, Broschüre. Hamburg 1996.

Sickel, Chr.: Mein Leben heisst Umsatz. Zürich 1998.

Siebert, H.: Der Kobra-Effekt. Wie man Irrwege der Wirtschaftspolitik vermeidet. München, 3. Aufl. 2001.

Spiegel Spezial: Die Journalisten – Ärgernis Presse. Hamburg 1/95.

Steinbrecher/Weiske: Die Talkshow. München 1992.

Tange, E. G.: Der boshafte Zitatenschatz. Frankfurt o. J.

Thomson, A.: Argumentieren – und wie man es gleich richtig macht. Stuttgart 2001.

Urban, D.: Chancen für Querdenker. Zürich 1996.

Vasata, V.: Radical Brand. Überleben in der Sintflut. Düsseldorf 2000.

Vester, F.: Denken, Lernen, Vergessen. München 1978.

Vollmer, Gerhard: Paradoxien und Antinomien, in: Geyer, P./ Hagenbüchle, R. (Hrsg.): Das Paradox, Tübingen 1992, S. 152 ff.

Walther, G.: Sag, was Du meinst, und Du bekommst, was Du willst. 18. Aufl., Düsseldorf 2001.

Watzlawick, P.: Vom Schlechten des Guten oder Hekates Lösungen. München 1991.

Watzlawick, P.: Wie wirklich ist die Wirklichkeit? 19. Aufl., München 1991.

Watzlawick, P., et al: Menschliche Kommunikation. München-Bern 1982.

Watzlawick, P.: Die Möglichkeit des Andersseins. 2. Aufl., München 1982.

Watzlawick, P.: Die erfundene Wirklichkeit. München 1981.

Weissman, A., u. a.: Sinnergie. Zürich 1997.

Weissman, A.: MarketingStrategie, 10 Stufen zum Erfolg, 4. Aufl., Landsberg/Lech 1994.

Wiedemann, P.: Krisenkommunikation. IZE Frankfurt o. A.

Wittchen, H.-U., u. a.: Ich vermisse nichts. München 2000.

Wittgenstein, L.: Tractatus logico-philosophicus. Frankfurt/Main 1999.

Wrede-Grischkat, R.: Manieren und Karriere. Verhaltensnormen für Führungskräfte. Wiesbaden 1990.

Wunderlich, D.: Arbeitsbuch Semantik. 2. Aufl., Frankfurt 1991.

Zelesnay, G.: Wie aus Zahlen Bilder werden. Wiesbaden 1985.

Zink, F.: Wendezeit für Manager. Wege zu einer neuen Unternehmenskultur. Frankfurt/Main 1994.

Ferner sind Artikel in Zeitschriften und Zeitungen ausgewertet, die nur in besonderen Fällen im Literaturverzeichnis genannt wurden.

Register

Dr. Karsten Bredemeier … Profis arbeiten mit Profis!
… ist einer der gefragtesten Kommunikationsstrategen und Medientrainer im deutschsprachigen Raum.

Sein Seminar »Provokative Rhetorik«, bewertet von Stiftung Warentest/Finanztest, schnitt in der Rubrik Rhetorik mit Schwerpunkt Dialog am besten ab.

Er war bis 1996 geschäftsführender Gesellschafter in einer großen deutschen Beratungsgruppe. Seither ist er als Kommunikationsstratege und Trainer für Schlagfertigkeit, Rhetorik und Dialektik im deutschsprachigen Europa tätig. Aus der Synthese von Medienwissen und Kommunikationstechniken gestaltete er weiterhin einen bahnbrechenden Ansatz im Fernsehtraining. Seine Bücher zum Thema Kommunikation und Verkauf erzielten mittlerweile ca. 140 Auflagen und zahlreiche Übersetzungen in verschiedenen Sprachen. Als führender SchlagFertigkeits-/TopExecutiveCoach offeriert er TopManagern und Führungskräften professionell evaluierte Seminare und professionelles Coaching.
Erfahren Sie jetzt mehr über seine Seminare und Tätigkeiten unter www.dr-bredemeier.de oder verschaffen Sie sich einen ersten Eindruck unter www.youtube.com/drbredemeier!

NEU: Seit mehr als 20 Jahren optimiert Herr Dr. Bredemeier Unternehmenstexte nach den Prinzipien des »Rhetorik-Code« – mit nachhaltigem Erfolg für seine Auftraggeber.
Auf dessen Basis hat Herr Dr. Bredemeier mit seinem Partner Alexander Weipprecht in der gemeinsamen Gesellschaft ProviMedia die **Software Message!Controller** – Enterprise Communication Analytics entwickelt.
Diese ist die erste Optimierungs- und Reflexionsprüfung für orientierungsgebende und ergebnissichernde Rhetorik sowie überzeugende Dialektik.
Die Software hinterfragt Aussagen, weist auf negative Botschaften hin, zeigt Relativierungen, Weichmacher, Floskeln, unsaubere Aussagen … und zeigt darüber hinaus mögliche Alternativvorschläge auf.
Gehirngerecht, positiv, prägnant und klar in der Formulierung überzeugen Ihre schriftlichen Korrespondenzen, Präsentationen und Vortragstexte lesefreundlich.
Ausführliche Informationen finden Sie unter www.messagecontroller.de.

Dr. Karsten Bredemeier
TopExecutiveCoach und
Kommunikationsstratege

Im Wolfsgarten 4
D – 53819 Neunkirchen-Seelscheid
Telefon: +49 (0) 172-240 44 44

Sekretariat:
Yvonne Quirin

Telefon: +49 (0) 172-44 44 640
E-Mail: sekretariat@dr-bredemeier.de
Web: www.dr-bredemeier.de